探寻最美中国铁路

中国铁道风景线①

罗春晓 作品

中国铁道出版社有限公司
CHINA RAILWAY PUBLISHING HOUSE CO., LTD.

图书在版编目（CIP）数据

中国铁道风景线：探寻最美中国铁路. 1 / 罗春晓著.
—北京：中国铁道出版社，2015.4（2024.3重印）
ISBN 978-7-113-20034-3

Ⅰ. ①中… Ⅱ. ①罗… Ⅲ. ①铁路线路—介绍—中国 Ⅳ. ①U21

中国版本图书馆CIP数据核字(2015)第041395号

书　　名：**中国铁道风景线①** 探寻最美中国铁路
作　　者：罗春晓

责任编辑：许士杰　　　辑部电话：（010）51873204　　　电子邮箱：syxu99@163.com
编辑助理：郭　静
视觉设计：罗一童
责任印制：赵星辰

出版发行：中国铁道出版社有限公司　（100054，北京市西城区右安门西街8号）
网　　址：http://www.tdpress.com
印　　刷：中煤（北京）印务有限公司
版　　次：2015年5月第1版　2024年3月第11次印刷
开　　本：720mm×1000mm　1/32　印张：16.5　字数：269千
书　　号：ISBN 978-7-113-20034-3
定　　价：68.00 元

| 自 序 |

铁道就是风景线

在中国，火车往往会和旅行联系在一起。从小到大，从绿皮火车到高速动车，火车永远是我们旅程中不可或缺的一部分。但细细回想，似乎每次带领我们游遍天下的列车，都只被我们当做了旅行的工具。其实，铁路旅行不似飞机，只选择两点之间的最短距离，在离开机场时，就仿佛钻过了哆啦 A 梦的随意门，一下置身于另一个世界。而两根平行的钢轨，却可以带着我们从都市出发，穿山越岭，跨河通疆。缓缓而行的列车，让我们可以细细欣赏着窗外的变换，少了一丝紧张，多了一份淡然。

无论南国春日的油菜花海，还是仲夏昆仑的千年雪峰，无论秋季兴安岭上的满山秋色，还是寒冬塞北的万里冰封。只要有心，窗外无穷无尽的风景，让铁道旅行永远有着"在路上"的惊喜与未知。也许此时，我们真的要感谢自己生活在中国这样一个地大物博、景色变换多端的国度；要感谢那些创造了一个个工程奇迹的铁道线，将这些最精彩的风景完美串联。

在我看来，铁道的意义和价值不止这些精彩的风景。作为工业革命最伟大的成就之一，一个多世纪以来，绵延的铁道线成为中国打开大门，走向现代化的纽带。百年沧桑，也让铁路汇聚无声的历史，绵延千里，凝聚智慧，遗产百年。如今，很多历史上经典的铁道工程，诸如滇越铁路的人字桥，中东铁路的兴安岭螺旋线，京张铁路的人字形折返线等，都已经成为文化旅游的重要部分。此时此刻，铁道不仅串联风景，自己更是一道精彩的风景线。

近些年来，我曾深入探访全国各地数十条铁道线，寻找和记录它们融入自然的精彩场景和近乎完美的工程造诣，探寻它们鲜为人知的历史和沿途独特的人文风情。在此，首先精选了滨绥、滇越、京张、青藏等 7 条最具风景之美和历史人文价值的铁道线，用详细的文字和 300 余张图片，串联线路始末，介绍它们的风景、历史与变迁，最终汇总成为这本《中国铁道风景线》第一辑。通过本书，我希望能让更多喜爱铁道旅行的人了解中国铁道线上的风景和信息。未来，我也期待能将国内更多精彩的铁道风景线汇总成书，让更多人了解中国铁道线上的精彩与美丽。

罗春晓

2015 年 4 月 于北京

中国铁道风景线 ❶
BEST LANDSCAPE OF CHINA RAILWAY

目 录

滨绥铁路
P6

滨洲铁路
P38

滇越铁路（中国段）
P72

个碧石铁路
P120

京张铁路
P136

青藏铁路
P182

峰福铁路
P238

哈尔滨
牡丹江　绥芬河

满洲里　海拉尔
齐齐哈尔　绥化
昂昂溪　大庆
哈尔滨
牡丹江　绥芬河
白城　松原

昆明
个旧

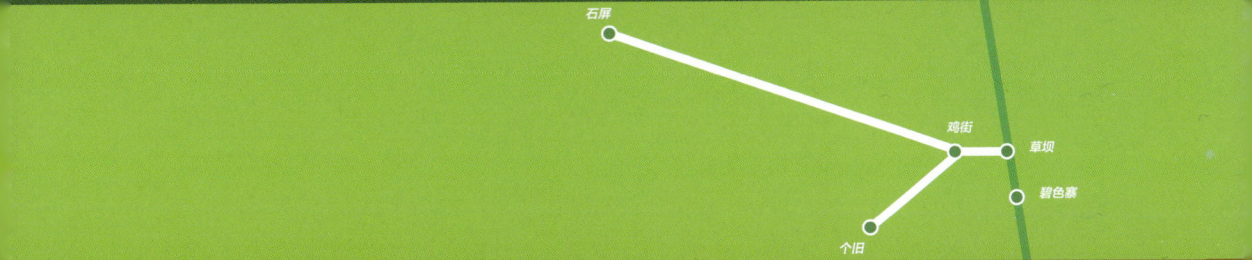
石屏
鸡街　草坝
碧色寨
个旧

延庆
八达岭　青龙桥
张家口
张家口南
宣化　下花园　沙城　南口
北京

格尔木
安多
拉萨　那曲　西宁

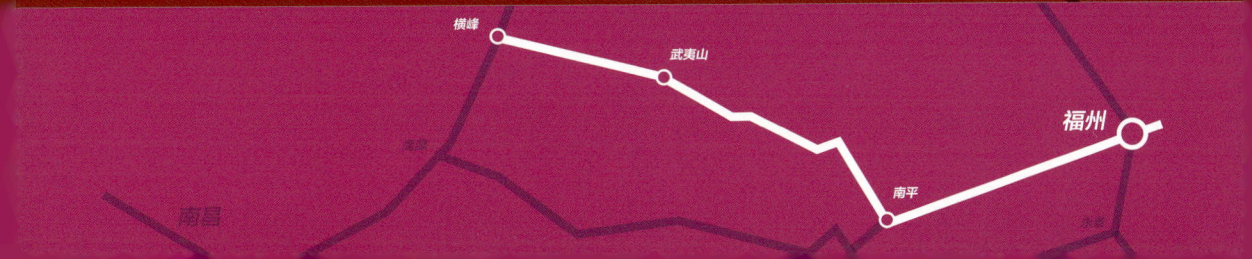
横峰
武夷山
福州
南平
南昌

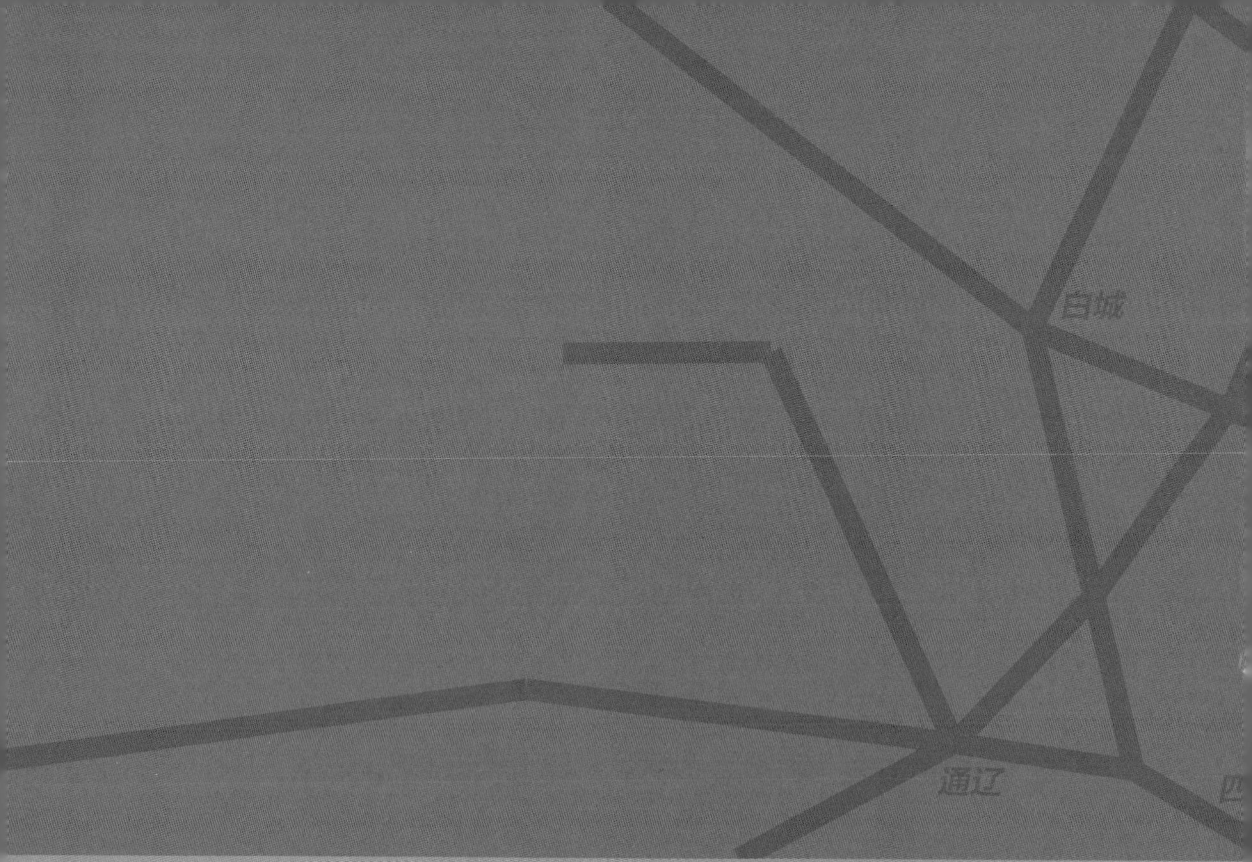

白城

通辽

四

中国铁道风景线

滨绥铁路

大庆　　　绥化　　　　　　佳木斯　　　双鸭山

哈尔滨

松原

牡丹江

绥芬河

吉林

金秋时节，滨绥铁路上的列车傍行在牡丹江海林的海浪河畔。

旅客列车运行在红叶漫山的滨绥铁路上。

◉ 哈尔滨

● 阿城

● 尚志

● 一面坡

● 苇河

● 亚布力

● 横道河子

● 海林

● 牡丹江

● 下城子

● 绥阳

◉ 绥芬河

滨绥铁路，一条连接黑龙江省会哈尔滨和中俄边境重镇绥芬河的铁路干线。它既是黑龙江省的铁路动脉，也是一条年逾百年的历史文物铁路。铁路出冰城哈尔滨，一路奔向东南，经一面坡、横道河子、牡丹江，直抵终点绥芬河，穿山越岭、跨河通疆。这条铁路沿途不仅有着秀美的风景，更包含着深厚的历史积淀。

百年中东

清朝末年，沙皇俄国对富饶的中国东北垂涎已久。早在筹建西伯利亚大铁路之初，沙俄就预谋修建一条自后贝加尔斯克至乌苏里斯克（双城子）的直径铁路线。这条铁路贯穿中国东北，比绕行黑龙江北方的西伯利亚大铁路正线可缩短960多公里的路程。而沙俄更妄图通过修筑和运营这条铁路强取中国东北的诸多权益。

清光绪二十二年（公元1896年），清政府特使李鸿章赴俄祝贺沙皇加冕典礼，并代表清政府与沙俄签订《中俄御敌互相援助条约》（又称《中俄密约》），许以俄国在华修筑铁路的权力。1903年，"大清东省铁路"（该铁路后多次改名为中国东省铁路、中国东方铁路、中国东北铁路等，后多简称中东铁路）建成，它以哈尔滨为中心，西至满洲里，东至绥芬河，加上南至大连的支线，覆盖了东北全境。而我们这里所说的滨绥铁路，就是当年中东铁路的东段。

時过境迁，昔日的屈辱已成历史，中东铁路也早已回归祖国的怀抱。但今天的滨绥铁路却依旧保持了百年之前的风貌，穿山越岭，跨河通疆。直至今日，诸多的俄式风格的桥梁隧道、车站车库依旧保存完好，甚至铁路周边村镇城市也依旧保持着独特的俄式风格。再加上铁路沿途的青山秀水，滨绥铁路形成了一道独特的铁路风景线。

香坊站的记忆

有人说，火车站是城市的窗口，更是城市的灵魂。寻找不一样的火车站，就是寻找不一样的城市。1898年4月，沙俄铁路工程师进驻今天哈尔滨市郊的香坊，在修建中东铁路的同时，也开始化客为主地规划起了这座叫哈尔滨的城市。

俄国人翻版了莫斯科的构架，把这里从松花江畔的一片荒原变成了"东方莫斯科"。火车站、中东铁路管理局大楼、铁路旅馆、学校、医院和住宅，则成为了这座因铁路而生城市的最初组成。

1900年前后，正是世界建筑领域最流行"新艺术"运动的年代，俄国人从法国人那里接过"最时髦"的宝贝，并把它应用于哈尔滨这座新生的城市，以及和中东铁路相关的所有建筑上。直至今日，从哈尔滨火车站出发，充满文化韵味的老建筑依然俯首皆是。只可惜，这一切建筑的"龙头"——火车站，却在1959年因铁路和城市的发展而拆除，永远消失。若非如此，它今天一定是这座城市无与伦比的肖像。

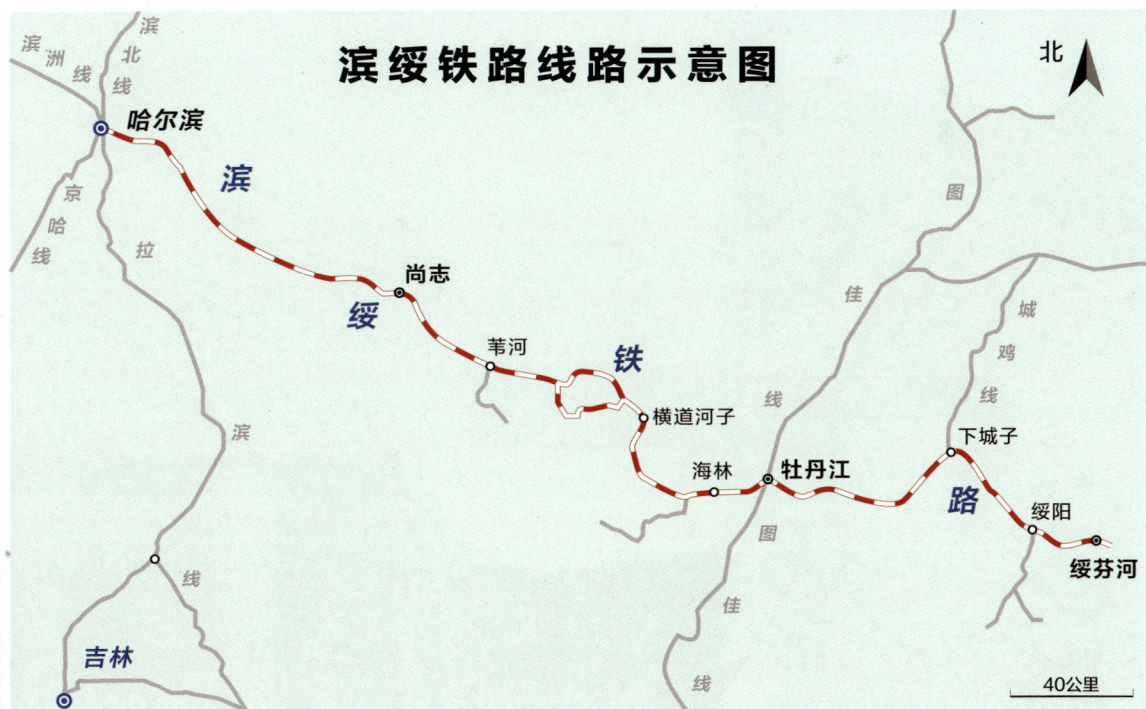

滨绥铁路线路示意图

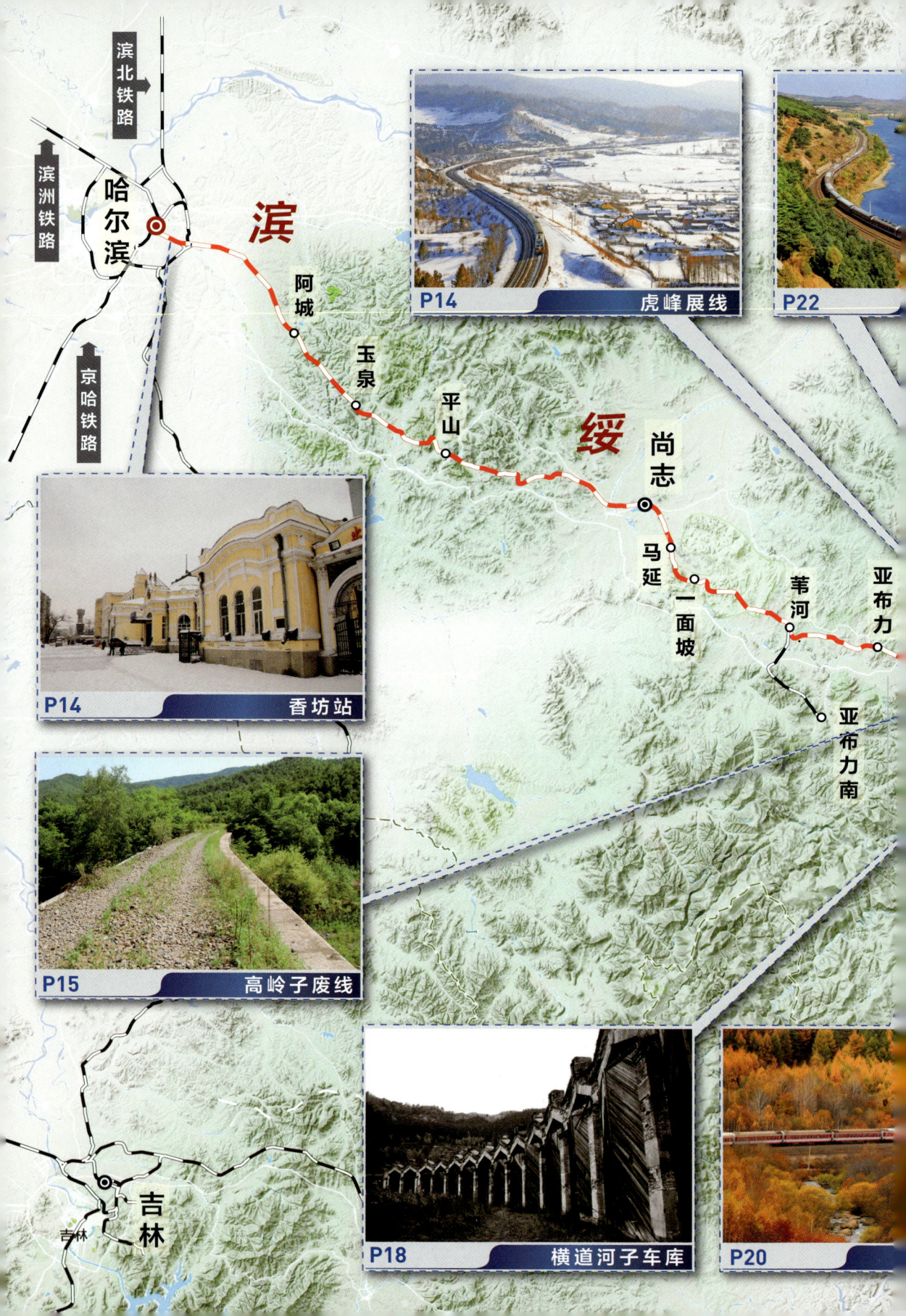

滨北铁路

滨洲铁路

哈尔滨

京哈铁路

滨

阿城

玉泉

平山

绥

尚志

马延

一面坡

苇河

亚布力

亚布力南

吉林

吉林

P14 虎峰展线

P22

P14 香坊站

P15 高岭子废线

P18 横道河子车库

P20

滨绥铁路线路详图

海林

P24　牡丹江

P34　套轨区间

虎峰
治山
横道河子
山市
海林
图佳铁路
牡丹江
宁安
兰岗
穆棱
下城子
路
绥阳
绥芬河口岸
绥芬河
铁
北

河子

P27　拉面河展线

如今，我们只有在市郊的香坊站才能找寻出当年的记忆。因城市中心转移而告别繁华的香坊站，却幸运地躲过浩劫，依旧保持着一百年前的原貌——圆圆的红色屋顶，高大的门窗，米黄与白色相间外墙，墨绿色的窗框。在情感上，我甚至愿意把这里当做滨绥铁路的起点，让历史得到传承，让记忆寻找归宿。

高岭子区段的变迁

离开香坊，滨绥铁路一路奔向东南。在途经阿城、玉泉等县市后，便进入了大山的怀抱。从哈尔滨到绥芬河，滨绥铁路先后穿越大青山、张广才岭、老爷岭、太平岭等诸多山脉，沿途地势复杂。由于当年铁路建设水平的限制，拱桥成为铁路跨越山谷河流的最佳选择。精美坚固的石拱桥至今仍承载着东来西去的列车。在一面坡附近，连续的石拱桥横卧山间，既满含力量之美，又飘逸艺术之灵。在亚布力附近的苇河站，一条新建的支线铁路岔出直通亚布力滑雪场下的亚布力南站。这里曾是第24届大冬会的举办地，每到冬季便被前来滑雪度假的人们挤得水泄不通。而蜿蜒在山间的铁路与精致美观的车站，则是皑皑雪山中独特的点缀。

从亚布力到横道河子一段，滨绥铁路要翻越张广才岭。从地图上看，从亚布力到横道河子境内的治山站，滨绥铁路有南北两条不同的径路。中东铁路修建之初，为了避免建设长大隧道，俄国人选择了途经冷山、高岭子一线的南线走向，即高岭子线。由于攀山需要，高岭子线修建了两个盘山S型弯道。以前每当列车行进至此，便要开足马力呼啸冲坡登山。20世纪30年代，日本侵占东北，为了掠夺资源，开始修建滨绥铁路复线。为了克服高岭子线坡大难行的缺点，日本人另

左上：今日香坊站。

左下：每到冬季，张广才岭上都被厚厚的白雪覆盖。牡丹江～哈尔滨的城际列车驶过小站虎峰。远方山脚下是穿越张广才岭的杜草隧道。

下：当年滨绥铁路最为艰险的高岭子区段已于上世纪90年代初期废弃，人去轨空。

（薛思洋 摄）

辟北线新路，途经鱼池、虎峰，新建3849米的杜草隧道穿越张广才岭，与原有的高岭线分线运营。新中国成立后，铁路工程人员沿北线修建了复线和新杜草隧道，高岭子线最终淡出了历史的舞台。今天，当年滨绥铁路最为艰险的高岭子区段早已人去轨空，只有半人高的荒草和空荡的路基还诉说着这里曾经的辉煌。

寻找横道河子

越过张广才岭，滨绥铁路抵达横道河子。横道河子原是地图上一座不起眼的小镇，但随着滨绥铁路的开通，它成为了铁路线上一颗闪亮的明珠。

正是高岭子路段的艰险，成就了横道河子的辉煌。滨绥铁路施工时，为了克服翻越张广才岭路段的技术难题，大批沙俄工程技术人员

和专家云集到了这里，横道河子成为当时铁路施工的指挥中心和技术指导中心。俄国人建起了办公楼、教堂、兵营、民宅，一个不知名的小村落从此人声鼎沸，因为火车拉来了一座城镇。时至今日，这些俄式建筑依然保存完整，成为小镇独特的风景。

当然，横道河子最著名的中东铁路建筑莫过于扇形机车库。由于高岭线坡大弯多，所有来往的列车都必须在横道河子站摘挂补机。因此，这里也被定为中东铁路九号机务段的所在地，一座中东铁路当时规模最大的扇形机车库拔地而起。整个机车库面积达2000余平方米，一次可容纳机车15台。机车库建筑平面为扇形，其外墙大部分采用清水砖砌筑，库门立柱则用两道花岗岩石加固和装饰，简单而又朴实。在檐下，利用砖砌檐口层层出挑的特征，做出锯齿状线脚，使立面韵

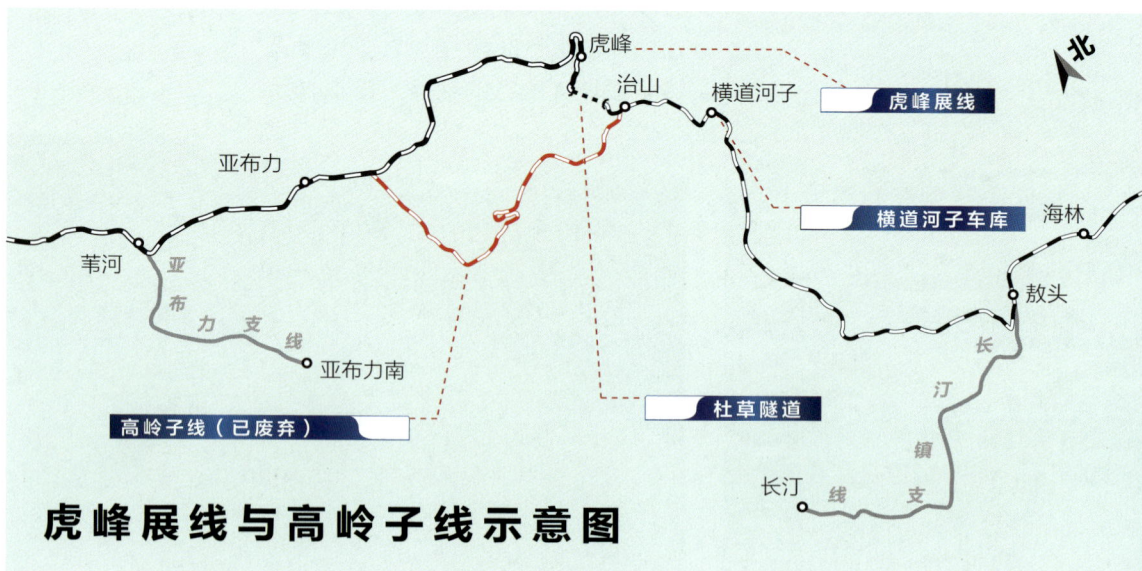

虎峰展线与高岭子线示意图

北

虎峰　治山　横道河子　**虎峰展线**

亚布力　**横道河子车库**　海林

苇河　亚布力支线　敖头

亚布力南　长汀镇支线

高岭子线（已废弃）　**杜草隧道**

长汀

律感强烈。机车库的库门呈弧形排列，每扇木质大门都有五六米高。大门上方是三角拱门圆顶，15 个拱门连接起来，构成了道道起伏的波浪。山墙高低错落，塔柱林立，形成极强的优美的轮廓线。距车库 30 米处有机车转盘一个，用于车头自由转换方向。

由于建筑坚固、设计科学、布局合理，横道河子机车库自建成以来一直使用到 1990 年。随着蒸汽机车逐渐退出舞台，横道河子机车库也完成了它的历史使命。2006 年，国务院授予其"全国文物重点保护单位"身份，成为著名的工业文化遗产。

穿越"海林"

从横道河子起，滨绥铁路进入牡丹江下属的海林市境内。说起海林，可能并不为人所熟知，但如果说这里就是杨子荣战斗过的地方，《智取威虎山》中林海雪原的原型，相信每个人都会有似曾相识的感觉。每到冬季，海林市西部的雪乡景区都会吸引大批游客前来，欣赏银装素裹的童话世界，体会林海雪原、千里冰封、奇松树挂的北国冬季之美。

不过与普通观光客不同，欣赏滨绥铁路海林段最美景色的季节当属秋天。海林市境内的山峦是张广才岭的余脉，山势舒缓，植被茂密。

上：冬日的晨雾里，北京至牡丹江的旅客列车驶过横道河子。回荡在山间的汽笛声打破了古老小镇的寂静。

驶过横道河子的货物列车。其背后山坡上的黄色
建筑便是当年中东铁路的建筑遗存。

废弃的横道河子车库充满了沧桑，述说着中东铁路的历史。

横道河子附近的滨绥铁路蜿蜒在山谷之间，
还保留着早年中东铁路时期的线位和走向。

每到秋季，滨绥铁路边的山上便呈现出五彩缤纷的色彩。浓浓的秋色让滨绥铁路如行画中。

每到秋日，山间艳丽的色彩让人应接不暇。百年间，滨绥铁路海林段的线位几乎从未改变。由于修筑时的技术所限，铁路在这里依山傍河而行，蜿蜒于牡丹江支流海浪河冲击出的河谷中。仲秋时节，乘坐火车经过这里，车窗一侧的大山如五彩的锦缎，桦叶摇金，花楸流火；另一侧，湛蓝的河水缓缓淌过，沃野千里，又如江南水乡。其间蓝天寥廓，白云高远。溢着松脂浓香和山果甘甜的山风甚至穿透车窗，让秋的味道传入车厢。

在敖头站，火龙沟支线从滨绥铁路岔出，通向雪乡深处的长汀镇。日本侵占东北时期，数条森林窄轨铁路从长汀镇始发，通向张广才岭深处。小说《林海雪原》中夹皮沟里小火车的原型便是这里。这些隶属林业部门的窄轨小火车，曾是林区木材运输和人员往来唯一的交通工具。到上世纪 80 年代，森林铁路的发展达到顶峰，在整个东北地区拥有数千公里的线路。但随着封山育林政策的实施和其他交通工具的发展，森林窄轨铁路相继拆除，湮没在历史的尘埃中。

"穆丹乌拉"畔的铁路

出海林不远便是牡丹江市区。这座美丽的城市与滋润它的河流同名，都叫做牡丹江。牡丹江一词源于满语"穆丹乌拉"，意为弯弯曲曲的河。作为黑龙江省东部最大的城市及地区中心，牡丹江市的历史可谓辉煌。早在公元八世纪，栗末族便在牡丹江附近的安宁市一带建立了兴盛一时的渤海国。公元 12 世纪初，女真完颜部在牡丹江畔崛起，建立了叱咤一时的金王朝。而金朝灭亡后，女真人的一支——建州女真又重新回到牡丹江畔。明朝后期，建洲女真日益强大，其首领努尔哈赤一举统一女真各部，成为日后清王朝的奠基人。

然而，清朝建立后很长的一段时间里，统治者对其"龙兴之地"实施封禁政策，严禁山海关以内的百姓出关谋生，直到清末才逐步解禁。到了 20 世纪初，今天的牡丹江市区一带还是一片人烟稀少、土地荒芜的地区。当时的地图记载这一带叫"黄花甸子"，据说是因大

片黄花点缀于草地之上而得名，住户也只有零零星星的四五户人家。1903 年，俄国人修建中东铁路时在牡丹江沿岸修建车站一座，命名为牡丹江车站，并设置了机务段等铁路设施。由于土地肥沃，地势开阔，交通便利，牡丹江站周边很快便形

上：去往长汀镇方向的绿皮小票车停靠在敖头站。

下：列车穿行在敖头站附近的五花山间。

23

货物列车经过红叶漫山、景色秀丽的滨绥铁路海林段。

牡丹江机务段内的扇形机车检修库至今保存完好。DF8型机车也是牡丹江地区铁路的一大特色。

成了一个人口稠密的城市，其规模也不断的发展壮大。

到了上世纪 30 年代，日本侵略者为了掠夺东北丰富的林木和矿产资源，先后修筑了牡丹江至佳木斯的牡佳铁路和牡丹江至图们的牡图铁路，两条铁路与滨绥铁路在牡丹江形成十字交叉。随后日本侵略者还扩建机务段、编组场等铁路设施，使得牡丹江逐渐成为整个东北东部地区的交通枢纽。直至今日，铁路是血管、车站是心脏，整个城市以火车站为中心四面布局的模式仍然没有改变，处处体现着这座火车拉来的城市与铁路的独特关系。同时，牡丹江还保留着完整的扇形机车库、水塔等中东铁路文物遗存，述说着铁路与城市的历史。

原生态的中东铁路

作别牡佳铁路，滨绥铁路跨越牡丹江继续东行。相比于从满铁（即南满洲铁道株式会社）时代开始修建，至解放后便全线建成复线的滨绥铁路哈尔滨—牡丹江段，滨绥铁路牡丹江—芬河段大部分区段至今依旧以单线运行，从线路走向到车站布局，都保留了百年中东铁路的"原汁原味"。

从牡丹江到绥芬河，滨绥铁路要连续翻越老爷岭和太平岭两座大山，地形地势较哈尔滨至牡丹江段更为复杂。出牡丹江不远，滨绥铁路翻越老爷岭的艰苦旅程便开始了。今天修筑铁路翻越山岭时，通常在山腰打一座隧道便可解决问题。但在百年之前，由于技术、成本和修筑工期的限制，往往要尽可能缩短越岭隧道长度。这就要求铁路需要

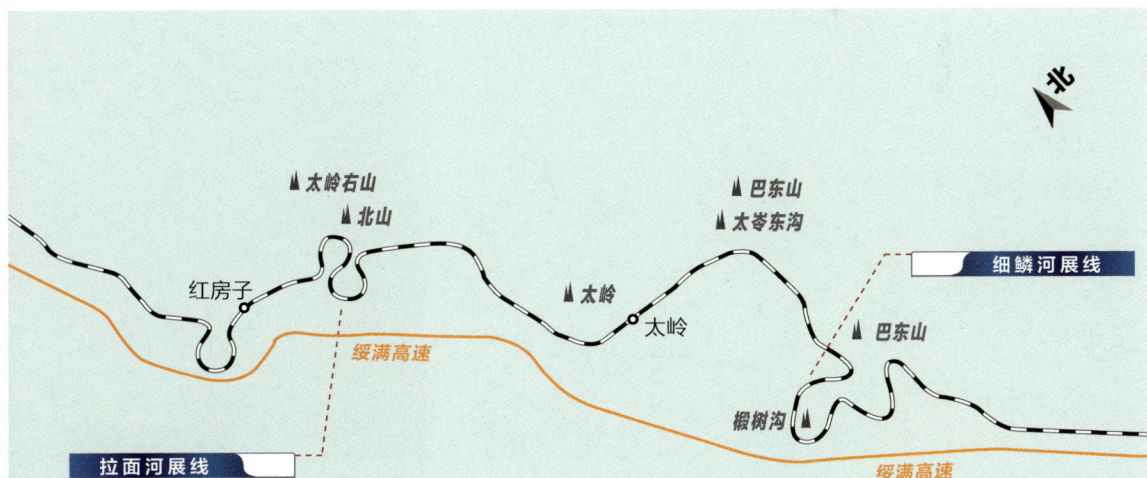

拉面河展线与细鳞河展线示意图

在山脊两侧爬升到一个较高的高度。有时由于山势较陡，铁路既要在有限的空间里提升高程，又不能坡度过大，因此需要像盘山公路一样在山间往复迂回，盘转爬升，这也就是常说的铁路展线。为了翻越老爷岭山脉的大关岭段，滨绥铁路从磨刀石镇开始修筑了三层展线。直线距离只有12公里的磨刀石站与代马沟站间，线路延展了26公里，高度则爬升300余米。乘坐火车登山时，看着刚刚经过的路段出现在自己脚下，铁轨反射着太阳的金光，不由得让人赞叹铁路工程的伟大。

过代马沟站，滨绥铁路沿穆棱河一路而下，直抵下城子。下城子这座位于穆棱市中部的小镇在地图上不甚起眼，但却是东北边疆最早的人类聚居区之一，"下城子"的名称便源自其境内渤海国时期的古城遗址。由于地处穆棱河与马桥河的交汇处，这里自古以来便是交通要冲。清朝末年，清政府在宁古塔一带（今牡丹江安宁

市东京城）垦荒屯田时，修筑了宁古塔通往三岔口、蜂蜜山、凉水泉子的三条驿道，三条驿道均由下城子分支，这也使其交通枢纽的地位进一步加强。而更令驿道的修筑者们没想到的是，后来这些驿道也成了中东铁路选线的基础。到了20世纪40年代，下城子至鸡西的城鸡线全线通车，小镇下城子再次成为地区的交通枢纽。

右：从绥芬河去往牡丹江方向的货物列车往往由3台机车共同牵引，满载从俄罗斯进口的木材和资源，穿山越岭，气势恢宏。

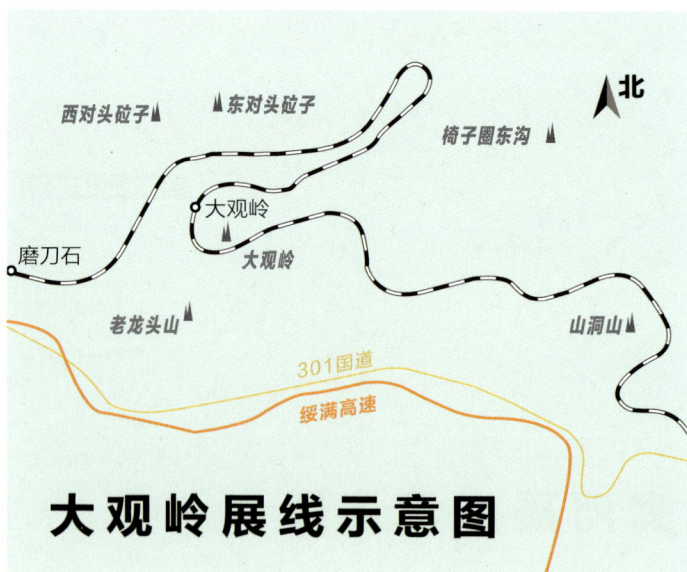

北

西对头砬子 ▲　　▲ 东对头砬子

椅子圈东沟 ▲

○ 大观岭

大观岭

○ 磨刀石

老龙头山 ▲

山洞山 ▲

301国道

绥满高速

大观岭展线示意图

作为标准中间站，建于 1901 年的下城子站站房简朴而不失高雅。车站房为单层砖结构，建筑一字排开，均采用高大的拱形门窗，沿口平缓舒展，黄色墙面白色边饰线脚，配以砖饰墙垛，充分展示俄罗斯传统建筑特色。

时已百年，其他交通工具的发展使得小站已不再有昔日人声鼎沸的盛况，而阅尽浮华的站房却依旧保持着百年前的摸样，仿佛艺术品般的俄式小型候车室仍在服务着旅客。斑驳的墙壁，好像一部史书正在向读者述说历史，此情此景，让人唏嘘。

绥芬河开往沈阳的双层列车运行在运行
在金秋的山岭间。

拉面河展线中层线路上的列车。远方的下层线路依稀可见。

三机重连的重载货物列车行驶在滨绥铁路下城子段。

滨绥铁路

边境名城绥芬河

在依靠拉面河展线与细鳞河展线翻越老爷岭后，滨绥铁路抵达东宁县的绥阳镇。绥阳本是滨绥铁路上的一个小站。2003年，从这里修建了一条通往东宁县的地方铁路，未来这条铁路将与俄罗斯铁路对接，建立一个新的铁路口岸。远期这条铁路还将延伸至吉林珲春，成为东北东边道铁路的一部分。绥阳因此也开始成为了滨绥铁路上的一个枢纽。

从绥阳再向东行，便进入绥芬河市的管界了。有趣的是，其实绥芬河市并不在绥芬河旁，这其中的故事，自然与铁路有着不解之缘。绥芬，是满语"锥子"的意思，绥芬河就是因河里生长着一种尖锐如锥的钉螺而得名的。这条发源于长白山麓注入日本海的河流，从万山丛中蜿蜒而来，在今天的东宁县附近，不知为何突然舒展开了腰身，

从而造就了一个冲积平原，这便是富庶的东宁平原。中东铁路原计划便是沿绥芬河河谷而行，车站则建在河岸的三岔口村，并命名为绥芬河站。但是选线过程中，工程师们发现绥芬河谷穿过太平岭地段的地质结构极其复杂，不得不将线位向北移动50公里。于是，车站就远离了绥芬河而来到这个海拔500多米的山坡上，但或许是出于工程师们对这个优美名字的喜爱，绥芬河

站的车站站名被保留了下来。后来，围绕着绥芬河这座边境火车站，一座同样名为绥芬河的城市也渐渐繁荣发展了起来。

历史与东宁开了一个小小的玩笑，却成就了绥芬河的兴旺发达，当年人迹罕至的山岭成为了热闹的市镇。作为滨绥铁路的终点和与俄罗斯西伯利亚铁路的接轨站，绥芬河站当然不会落寞。而围绕着火车

上：俄罗斯铁路值乘的国际列车行驶在绥芬河至中俄国境线间的线路上。

站，作为边境试点开放城市与中俄边境重要的贸易口岸，今天的绥芬河市更是尽显繁华。

建于1902年的绥芬河车站站房依山而建，因此旅客需由站台登台阶出站，显得十分别致。站舍虽经改建，但整体结构与风貌依存。站舍墙面强调垂直划分，壁柱装饰，女儿墙高低错落，山墙和窗户采用曲线构图，具有新艺术运动建筑特点。窗楣采用俄式传统图形装饰，色彩采用白色墙面、灰色点缀，体现出庄重典雅气氛。室内大跨度钢梁屋架，宽敞明亮；门窗厚重，室内的一面还饰有几何型浮雕；围镶黄色木质墙裙，庄重华贵；黑白相间地砖凸显出俄罗斯建筑特有风采。

今天，绥芬河站旧站房仍然作为国内列车候车室使用，而乘坐国际列车的旅客则在新建的边境联检大厅内候车。现在，每天都有两对国际列车往返于绥芬河与俄罗斯口岸城市格罗杰科沃间，分别由中俄两国铁路部门值乘。除此之外，每周还有哈尔滨往返于俄罗斯符拉迪沃斯托克（海参崴）与哈巴罗夫斯克（伯力）的国际列车经由绥芬河车站出入境。

事实上，早年间为了更方便地掠夺中国东北和控制整个远东，在中东铁路修建之初，俄国人全线铺设的都是俄式1520毫米轨距的宽轨，直到1936年，中东铁路才改为 1435 毫米的标准轨轨距。轨距的不同给边境列车的开行带来了不小的困难。由于进出口货物需要进行边检和海关作业，因此，中国从俄罗斯进口的货物需要在绥芬河站换装，而出口俄罗斯的货物则需要在到格罗杰科沃站换装。为了方便双方不同轨距列车的互通行驶，在绥芬河至格罗杰科沃站之间修建有独特的"套轨"，也就是将准轨和宽轨套在一起，使两国的列车都可以在这段线路上运行，4 根钢轨构成的线路也堪称口岸一景。

从绥芬河站向东至边境，滨绥铁路与西伯利亚铁路的连接线蜿蜒于山区。区间中的三座隧道虽历经多年的整修，但仍保持着俄式式样。仔细观察，还能发现当年俄国人修建隧道时刻下的字迹。每当俄罗斯运输木材的列车缓缓行驶在绥芬河边境的线路上时，俄铁机车三机重联行驶发出的巨大咆哮声响彻在寂静的山谷。此情此景，让人不禁恍惚感觉正身处异国他乡，正在眺望着那堪称传奇的西伯利亚大铁路。

下：绥芬河至国境线间的隧道原汁原味地保持了当年中东铁路的风貌。俄式编号和数字清晰可见。

俄罗斯运输木材的货物列车行驶在国境线至绥芬河站间的铁路上，让人仿佛身处传奇的西伯利亚大铁路上。

中方值乘的国际列车驶出绥芬河市区，向俄罗斯方向开去。

俄方值乘的格罗杰科沃至绥芬河的国际列车行驶在中俄边境的铁路线上。远方不远处便是国境线。

悬挂有国徽的中国机车从俄罗斯驶回中国。

绥芬河至俄罗斯格罗杰科沃站之间的线路是由 4 条钢轨组成独特的"套轨",以便中俄不同轨距的列车都能在此行驶。绵绵秋雨中,4 条钢轨蜿蜒在五彩斑斓的山谷间,别具诗情画意。

满洲里

海拉尔

昂昂溪

中国铁道风景线

滨洲铁路

北安

鹤岗

双鸭山

佳木斯

哈尔
绥化

大庆

哈尔滨

绥芬河

牡丹江

松原

冰天雪地间，旅客列车驶出滨洲铁路兴安岭隧道。

金秋时节的滨绥铁路大兴安岭路段色彩斑斓，美不胜收。

滨洲铁路起自哈尔滨，向西北跨过松花江，经安达、大庆、昂昂溪，于富拉尔基渡嫩江，过扎兰屯、博克图，凿 3077 米长隧道穿越大兴安岭，经牙克石、海拉尔，穿越呼伦贝尔大草原，终到中俄最大边境口岸满洲里，并与俄罗斯后贝加尔铁路衔接，全线总长 964 公里。在东北大地上，滨洲铁路横贯黑龙江省西部和内蒙古呼伦贝尔盟，与滨绥铁路遥相呼应，是当年中东铁路西线的组成部分。

◎ 哈尔滨

● 大庆

● 让湖路

● 昂昂溪

● 扎兰屯

● 博克图

● 牙克石

● 海拉尔

● 扎来诺尔

◎ 满洲里

⬤ 百年中东

1896 年，《中俄密约》签订后，中东铁路东西两段的修建工作同时展开。相比于东段（即现在的滨绥铁路）相对平缓的地形，西段（即现在的滨洲铁路，下同）不仅要连续跨越松花江和嫩江两条大河，还需要翻越大兴安岭主脉，工程难度更大。1898 年 6 月，滨洲铁路被分为七个工程段，同时施工。由于沿线人烟稀少，劳动力缺乏，沙俄便从中国山东、河北两省雇佣甚

至招骗贫苦民工数万人前来施工。充足的劳动力让筑路工程进展很快，1901 年 11 月，除兴安岭隧道外，滨洲铁路全部铺通。1903 年 7 月，依靠临时便线绕过未完工的兴安岭隧道后，全线交付运营。1904 年，兴安岭隧道通车，至此，滨洲铁路全线正式建成。

和滨绥铁路一样，建成通车的滨洲铁路最初采用了俄式 1520 毫米轨距的宽轨，以方便跨境直通运输。1935 年 3 月，日本通过其控

制的"伪满洲国"与苏联达成交易，出资收购中东铁路，并于1936年8月将俄式宽轨改为1435毫米轨距的准轨。1945年8月，苏军进入中国东北，因其军事运输需要，又将占领的滨洲铁路改回俄式宽轨。1946年4月，苏军撤退回国，东北民主联军接管的滨洲铁路再一次改为准轨，并沿袭至今。轨距的变迁记录了路权归属的变迁，也记录了背后中华民族国家命运的历史与辛酸。

百年来，滨洲铁路始终是东北铁路网络的核心线路。自上世纪80年代开始，全线陆续完成了复线化改造，并即将进行电气化改造。但诸多历史遗存依旧散落在近千公里

的铁路两侧，沿途翻越大兴安岭的路段更兼具铁路工程之艰险和自然风景之壮丽，可谓中国铁路文化与自然的共同遗产，堪称中国东北铁路历史的见证者和活化石。

跨越松花江

从哈尔滨站出发，滨洲铁路在下穿哈尔滨第一座公铁立交桥——霁虹桥后，与滨北（哈尔滨至北安）铁路分道，折向西北，很快便踏上了松花江大桥的引桥。位于哈尔滨西北侧松花江上的滨洲铁路松花江大桥是松花江上的第一座铁路桥，也是当年整个中东铁路的咽喉要道。可以说，正因为当年工程师选址在这里修建跨越松花江的大桥，才让

滨洲铁路线路示意图

北

滨

满洲里　扎赉诺尔　　海拉尔　牙克石

伊敏铁路

P70　　满洲里国门

P66　　免渡河

P60　　兴安岭隧道

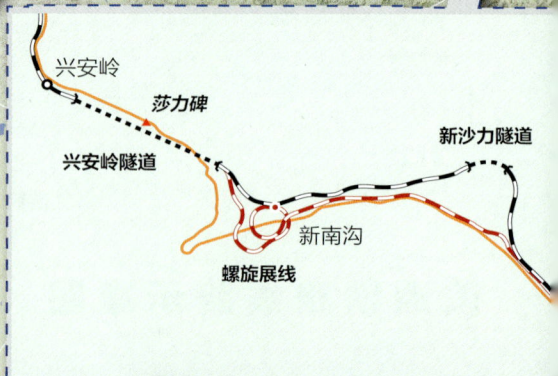
兴安岭　莎力碑

兴安岭隧道　　　　　　新沙力隧道

新南沟

螺旋展线

P57　　兴安岭隧道/螺旋展线

牙林铁路

博克图

博林铁路

扎兰屯

齐齐哈尔
昂昂溪

铁

大庆

哈尔滨

路

通让铁路

P58　博克图

P46　哈尔滨松花江大桥

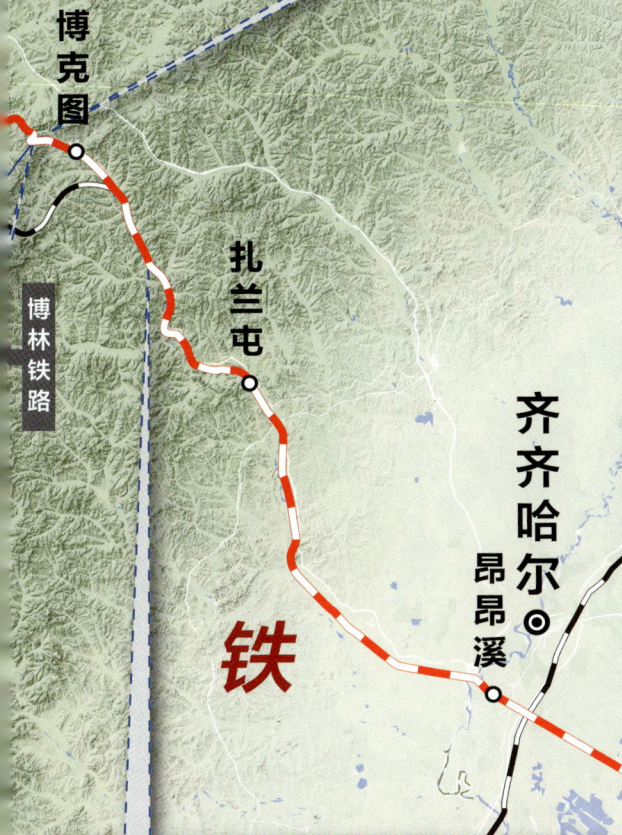

P52　巴林

滨洲铁路线路详图

哈尔滨有机会从江畔的荒原一跃成为"东方莫斯科"。

1900年5月4日，松花江铁路桥举行了隆重的开工典礼。大桥共19孔，宽7.2米，全长1015.15米，是当时国内外为数不多的特大铁路桥，开工时极为轰动。负责大桥施工的是俄国铁路工程师阿列克谢罗夫，并招募来350名专业沉箱工人，从事桥墩基础沉箱施工。大桥共有18个桥墩，全部采用石膏白灰浆砌石，花岗岩石镶面。桥墩上的钢桁梁由波兰华沙铁厂制

造，经俄国敖德萨港运往符拉迪沃斯托克（海参崴），经乌苏里铁路运抵伊曼港，倒装内河驳船顺乌苏里江而下，再溯黑龙江、松花江运到建桥工地，最终在现场拼装铆接架设。经一年又四个月的紧张施工，松花江铁路大桥于1901年9月19日主体竣工，10月2日临时通车，1903年7月14日正式通车营运。

新中国成立后，由于铁路运量加大且年久失修，松花江铁路大桥出现了多处隐患。因此，1962年，当时的哈尔滨铁路管理局开始对大

相继完成复线改造，但唯有松花江大桥还维持单线运行，成了整个滨洲铁路的"卡脖子"路段。2007年，哈尔滨铁路枢纽王万铁路联络线通车，货物列车全部经由联络线上新建的双线大桥跨越松花江，只有进出哈尔滨站的客运列车还经由这座老桥过江。

2014年4月，为配合新建哈齐（哈尔滨至齐齐哈尔）高铁的工程，松花江铁路大桥正式停运。未来，滨洲铁路上进出哈尔滨的列车将取道比肩老桥而建的哈齐高铁松花江大桥过江。而停运的老桥，将在进行有关改造整修后，作为文物建筑永久保存。或许以后很难再有机会乘坐列车驶过这座中东铁路松花江大桥，但漫步江堤之上，眺望一老一新两座大桥并肩横跨松花江两岸，那种铁路的传承之意，似乎倒也能冲淡百年老桥"退休"的哀伤。

下：哈尔滨站北咽喉处的霓虹桥是哈尔滨第一座公铁立交桥，也是中东铁路的文物之一。
（薛思洋 摄）

桥进行全面大修。大修期间，原有的钢桁梁全部换更换为山海关桥梁厂制造的国产钢梁。同时，工程人员在大桥的两侧各增设了宽1.2米的步行副桥，为两岸过往行人过江创造了方便。1964年5月20日，全部大修工程完工，大桥旧貌换新颜并屹立至今。

如今，走过110多年历史的松花江大桥静卧江上。它见证了中东铁路的通车，也见证了哈尔滨由荒原发展为远东经贸中心的历史变迁。从上世纪80年代开始，滨洲铁路

穿越松嫩平原

跨过松花江铁路大桥，哈尔滨繁华的城市景观急速远去，两旁已是一片田园风景。列车行驶在松嫩平原的千里沃野上，每到夏天，车窗外一望无际的玉米田甚至让旅行多少有些枯燥乏味。由于地势平坦，经过稍加改造，滨洲铁路哈尔滨站至昂昂溪站间的路段早在2000年前后便提速到140公里/小时，成为东北地区为数不多的高等级铁路。今天，这段线路与建设中的哈齐高铁几乎一路并肩而行，历史相差百年的两代铁路在此"同台献艺"，也足以称得上是一个经典场面。

列车驶过安达站不久，车窗外铁路两边开始逐渐出现的石油钻井"磕头机"，标志着这里已经是大庆油田的腹地。从1959年打出第一口油井开始，滨洲铁路便源源不断地向外运输原油，趟趟油龙行驶在松嫩平原上，为新中国的工业输送着血液。从卧里屯站经大庆到让胡路站，铁路两侧钻井平台与化工基地始终交错而立。在让湖路站，向南分出的通让铁路（通辽至让湖路）几乎是专门为运输油品而建。

与通让线作别，滨洲铁路很快重回原野的怀抱。不过，大庆之前一望无际的沃野良田逐渐被湿地和湖泊替代。这里已经是世界最大的芦苇湿地自然保护区——扎龙自然保护区的边缘。保护区内湖泽密布，苇草丛生，是水禽等鸟类栖息繁衍的乐园。如果运气好，甚至可以一睹"落霞与孤鹜齐飞，秋水共长天一色"的壮观景象。

右：扎兰屯站保存完好的中东铁路水塔。

下：货物列车驶过滨洲铁路富拉尔基嫩江大桥。

告别车窗外的湿地湖泊，滨洲铁路很快进入一个由多座复杂铁路立交桥组成的大型铁路枢纽，这就是在东北铁路网中赫赫有名的昂昂溪。昂昂溪在行政上是齐齐哈尔市下辖的一个行政区，但昂昂溪站在铁路网中的地位，却远高于齐齐哈尔站。这是因为齐齐哈尔站并不在滨洲铁路正线上，因此从哈尔滨去往满洲里的列车通常只停靠昂昂溪站，极少进入齐齐哈尔站再掉头折返前行。再加上昂昂溪枢纽是滨洲铁路与平齐铁路（四平至齐齐哈尔）十字交叉点，由哈尔滨或者满洲里开出的列车经由这里，北上可以进入大兴安岭腹地甚至直抵漠河，南下可以经白城、通辽沟通内蒙直至入关华北。因此，昂昂溪站的枢纽地位可谓不言自明。

上：夕阳下傍行雅鲁河的列车，与金秋的色彩融为一体，无比灿烂。

扎兰屯西行

出昂昂溪，滨洲铁路在富拉尔基跨嫩江。直至碾子山，铁路都在松嫩平原上前行。两侧偶尔出现的小丘陵说明这里已是松嫩平原的边缘。在经过因成吉思汗一次驻扎而得名的小镇并设站后，滨洲铁路告别黑龙江省，进入内蒙古呼伦贝尔盟的地界，即将开始翻越大兴安岭的精彩旅程。

扎兰屯是滨洲铁路翻越大兴安岭的起点。地处大兴安岭出山咽喉要道的扎兰屯在中东铁路通车后迅速发展起来，成为满洲里口岸的大后方，也是蒙俄商品的集散基地。如今，城市里保存了大量中东铁路的历史遗存。当年的中东铁路沙俄护路军队的兵营，现在也改建为中东铁路博物馆，馆藏的千余件文物向每一位参观者述说着中东铁路的百年沧桑。

日的寒风也更加凛冽。因此，和滨绥铁路沿线混杂多样的树种，每到秋日色彩缤纷多姿多样的景观不同，滨洲铁路途经的大兴安岭主要以白桦树和落叶松为主，仲秋时节，山岭上下一片金黄，虽色彩单一，但茂密的森林则依山岭连绵不绝的景象更是让人震撼不已。

在巴林镇附近，滨洲铁路从怪石嶙峋的喇嘛山脚下经过。其上石峰陡峭嶙峋，即使坐在列车之中远远眺望也让人深感神奇。若缘山而上，爬上突兀的怪岩，则可一睹滨绥铁路画着 S 形曲线，依雅鲁河蜿蜒而行的绝美风景。

过巴林，经雅鲁，至沟口。从博克图去往塔尔气，全长 138 公里的博林铁路支线从这里向西南岔出。博林支线修筑于伪满时期，为开采大兴安岭资源而建。中国铁路 42.5‰ 的最大坡度便出现在这条铁路上，颇为值得探访。

下：密林间穿行的列车。

从扎兰屯向西，两侧山势渐拢，滨洲铁路傍行雅鲁河逐步而上。和想象中的巍巍群山不同，大兴安岭并无名山险峰，山势缓缓而起，却连绵不绝，以致由此向西近 200 公里的铁路都将在大兴安岭中穿梭。起初在河谷宽阔处，还不时可以看见开垦的良田。当山势变得狭窄陡峭时，则只能见铁路紧贴山岭，随着河谷蜿蜒摆动的身躯。由于大兴安岭地势更高且更加远离海岸，冬

在巴林喇嘛山上向下俯瞰，可见滨绥铁路画着 S 型曲线，依雅鲁河蜿蜒而行。

火车行驶在怪石嶙峋的巴林喇嘛山脚下。

运行在博林线上的绿皮车小票车。这条线
有着 42.5‰ 的中国铁路第一坡。

咽喉博克图

离开与博林线分岔的沟口车站，再向前不远便是滨洲铁路上的重镇博克图了。小镇之名源于蒙语，意思是"有鹿的地方"。有意思的是，这里和大名鼎鼎的内蒙古包头市源自同一蒙语词汇，只是汉语选择的字不同罢了。甚至今天的火车票上博克图的英文标注也是 Bugt 这一蒙语直译。

由于地处大兴安岭通往松嫩平原的锁匙之处，博克图自清朝时期便是重要的交通驿站。19、20 世纪之交，中东铁路修筑至此。作为向西穿过兴安岭隧道前最后一块适宜人居的山间平地，大批铁路施工人员和俄国移民涌入这里。加之博克图是滨洲铁路翻越兴安岭最艰难路段的起点，同时还是沟通东北平原与呼伦贝尔大草原农牧商路的咽喉，所以不单机务、工务等铁路附属施设均依附车站而建，商铺、货栈、医院、旅舍等建筑也相继成立。此前朴实无华的小镇猛然领略了工业的力量，各种势力汇聚于此，铺街划市，坚固耐久的砖石结构和木刻楞建筑拔地而起。从小村到城镇，整整一个世纪的荣辱与兴衰中，浮现的是历史的沧桑演变。而这一切，都和中东铁路东段（滨绥铁路）上的小镇横道河子如出一辙。只是横道河子因杜草隧道的贯通和高岭线的废弃而落寞，博克图却因博林线的通车而更加繁华。如今，博克图机务折返段里中东铁路时期的扇形车库依旧，但城市却因繁荣失去了当年的风格。

下：远眺博克图。

● 螺旋线传奇

出博克图，滨洲铁路开始摆动腰身，奋力爬升，在山谷间画出 S 型的优美曲线，向大兴安岭主脉进发。此时，从碾子山起便与滨洲铁路相伴而行的雅鲁河渐进源头，滔滔河水已成汩汩溪流，陡峭的山岭上尽是层层叠叠的白桦树和落叶松。从这里到兴安岭隧道口，是翻越大兴安岭的最后冲刺，也是全线最为精彩的行程。

由于兴安岭西坡舒缓，东坡陡峭，兴安岭隧道高程位置难以调整改变。为了在 16 公里的直线距离内，将铁路从海拔 670 米的博克图铺设到海拔 970 米的兴安岭隧道口，滨洲铁路在接近兴安岭隧道口的地方建设了一道极为震撼的展线工程——露天螺旋形展线。在雅鲁河源头山谷方圆仅 1 公里左右的狭小空间里，滨洲铁路原地盘旋近 540 度，将线路延展了 5 公里多，依靠 15‰ 的坡度，几乎原地爬升近百米，其工程造诣和艺术价值不仅在当时堪称世界一流，在当今看来依旧毫不逊色。若能登上山巅俯瞰这一螺旋形展线的全景，更会令人赞叹不已。在铁路工程界，螺旋形展线并不少见，但多依山而建，旋转跨越的地段亦常藏匿于隧道之间，如同兴安岭展线这般完全露天的螺旋展线则极为少见。与之相似的露天螺旋形展线，国外有入选世界文化遗产的瑞士伯尔尼纳铁路展线，国内则仅有被称作"登天之梯"的青藏铁路西格段关角展线（详见P197）。几年前，为了改善滨洲铁路的运输条件，避免螺旋形展线小半径曲线和大坡度带来的运输限制，滨洲铁路借复线工程的机会，将线路改在山谷北侧，经新沙力隧道延展而上。经典的兴安岭螺旋展线虽然完整保留，但从此再无列车通行。今天，只能在从博克图缓缓而上的列车上，寻找山脚下绵延的痕迹，追寻茂密树林的间隙中螺旋展线那惊鸿一瞥，这也不得不说是一种遗憾。

货物列车驶下兴安岭。

兴安岭螺旋线历史照片。

兴安岭 莎力碑 兴安岭隧道 新南沟 新沙力隧道 新沙力 沙力 螺旋展线（已废弃） 博克图 北

兴安岭展线线路示意图

货物列车轰鸣下山。背后是大兴安岭的灿烂红叶。

上：北京至满洲里的旅客列车驶出兴安岭隧道。隧道口当年的俄式炮楼至今仍保存完好。

翻越兴安岭

在螺旋形展线的尽头，新老滨洲线汇合，钻入兴安岭隧道。在当年中东铁路的建设时期，铁路工程理念是与地形地貌相互结合，尽可能减少隧道工程，以降低工程难度。因此，虽要翻越茫茫兴安岭，但全长近千公里的滨洲铁路在建成初期，居然只有两座隧道，其中一座还是螺旋形展线跨越自己时修建的新南沟隧道，唯一一座凿山隧道就是穿越大兴安岭主脉的兴安岭隧道，它也是滨洲铁路乃至整个中东铁路最为艰巨的工程。

1897 年沙俄工程师普罗新斯基第一次勘测线路时，曾提出修建长 2559.6 千米的隧道穿越兴安岭的设想。1899 年 3 月，中东铁路筑路工程开始后，担当兴安岭隧道及螺旋展线工程的第四施工区主任鲍恰洛夫工程师又进行了一次实地勘测，经过多次勘测和论证，最终决定延展隧道长度，降低高程，以改善运营条件。最终，隧道入口确定在自哈尔滨起 561 公里、海拔 973 米的山脊处。根据设计，兴安岭隧道全长 3077 米，宽 8 米，高 7 米，具备铺设双线能力，按照单线开通行车。隧道内线路坡度往满

洲里方向为 12‰ 上坡，线路高差为 36.9 米。这些指标现在看来可能不算什么，但在当时，整个隧道的技术标准和建设难度在世界范围都位居前列。

1900 年初，兴安岭隧道开工，由东西两口同时开凿。1900 年 7 月，因义和团运动和紧随而至的庚子国变，兴安岭隧道被迫停工，1901 年 3 月 26 日恢复施工。隧道修建时，俄国人主要作为工程技术人员，苦力则多雇佣中国工人。由于当时俄国国内石匠缺乏，就地雇佣又很困难，因此还从意大利招募 500 名技术比较熟练的石匠，负责隧道内部衬砌和隧道口砌石工程。

1902 年 10 月 20 日，隧道土方工程贯通。1903 年秋，日俄两国关系愈发紧张，沙俄出于军事上的目的，对隧道工程昼夜突击，加速工程进度。1904 年，出于对日本作战的需要，在隧道内部整修尚未全部竣工的情况下，于 2 月 10 日强行通过了第一列军用列车。当内修工程全部结束后，中东铁路工程局于 2 月 17 日将兴安岭隧道正式移交中东铁路管理局接管使用。5 月 27 日起各种列车通过隧道运行。

在兴安岭隧道的建设和使用中，有很多创举，也有很多传说。其中女工程师莎力的故事最为传奇。据说，兴安岭隧道的开凿施工由俄国女工程师莎力负责。她带领工人从外地运来材料、机械设备、发电设备，在兴安岭站建立发电厂，并以蒸汽机作为动力，带动4个"伊特肖路式"压缩空气凿岩机进行岩石挖掘，冒着严寒不分昼夜的施工，大大加

快了工程进度。由于隧道是由东西两口同时开凿相向掘进，当计算应该打通时，隧道中的堵头没有一点动静，工程师莎力绝望之余，掏出手枪饮弹自尽了。谁知道，第二天隧道便打通了。由于一念之差，莎力没有亲眼看到自己的心血之作完成的那一刻。后来，人们为了纪念她，还专门将从博克图方向进入兴安岭隧道的车站命名为沙力（莎力的中

文讹写）站。如今，在兴安岭隧道的正上方的山岭上，还有一座造型独特的石质纪念碑，高 17.2 米，呈阶梯状向上延伸，碑上没有任何文字。虽有专家考证这是开凿兴安岭隧道时的坐标参考点，但一代代铁路工人们则口口相传说这是为纪念莎力工程师而建，因此也称为莎力碑。虽然中东铁路的建设更多是出于沙俄侵略中国的需要，但铁路建成客观上打通了大兴安岭天险，促进了中国东北交通的发展。同时，中东铁路也凝结着中、俄、意等多国建设者的汗水和智慧。因此，螺旋形展线、兴安岭隧道和莎力碑，足有资格作为中国的铁路文化遗产得以永存和纪念。

历史上，兴安岭隧道也是命运多舛，曾两次险些毁于战火。第一次是在 1932 年 11 月，苏炳文海满

左上：俯瞰苍茫雪原间的兴安岭车站。

左下：兴安村里废弃的中东铁路俄式建筑。

右上：莎力碑遗址。

夕阳下的林海雪原。茫茫森林被打成一片
金黄。列车轰鸣而至，颇有美国太平洋铁
路穿越落基山脉的感觉。

上：跨越免渡河。

抗战时，为防止日军乘火车越过大兴安岭，抗日军民欲炸毁隧道，后被苏联东省铁路局阻止。第二次则在 1945 年 8 月苏军出兵东北时，日军为阻止苏军进攻，在隧道内埋设了 1500 多颗地雷和大量炸药，后被苏军排除。新中国成立后，为延长隧道使用年限，铁路部门也多次对其进行整体大修。1991 年，平行兴安岭隧道的新兴安岭隧道建成，翻越兴安岭段的滨洲铁路建成复线，中国东北横向铁路动脉的咽喉被打通。如今，年逾百岁的兴安岭隧道依旧坚守着自己的岗位，迎送着西去东来的列车。

从免渡河到呼伦贝尔

出兴安岭隧道，滨洲铁路抵达兴安岭车站。车站所在的兴安村因铁路而起，其名称也源于所在山岭和不远处的兴安岭隧道。村落中到今天依旧保存了许多当年中东铁路时期建造的俄式建筑，虽有部分损毁，但许多仍能使用，成为一道景观。

与此前雅鲁河谷险要的山势不同，从这里到牙克石，平缓的兴安岭西坡尽显林海雪原的磅礴景色。值得一提的是，从西岭口站经伊列克得到兴安岭站区间，由于满载货物的东行列车需要攀爬兴安岭，因此所有货运列车都需在列尾加挂补机。为了提高行车效率，列尾补机专门设计了自动摘车钩装置，所有东行的大列在兴安岭站都可以实现不停车摘挂列尾补机作业，这种独特的列车运行方式在全国铁路都很少见。

过西岭口，跨免渡河。在牙克石附近，滨洲铁路与北上兴安岭深处的牙林铁路（牙克石至满归）分开，将大兴安岭甩在身后，投入了呼伦贝尔大草原的怀抱。呼伦贝尔得名其境内的呼伦湖与贝尔湖。整个草原从中俄边界一直绵延到松涛荡漾的大兴安岭脚下，总面积达 10 万平方公里，被誉为世界三大草原

之一。这里风光旖旎，水草丰美，纵横交错的河流、星罗棋布的湖泊，还有穿行期间的滨洲铁路共同组成了一幅绚丽的山水画卷。

上：DF4 牵引海拉尔开往塔尔气的小票车停靠在免渡河车站。

下：在落日里疾驰。

扎赉诺尔矿区的蒸汽机车已成旧梦。

国门满洲里

在呼伦贝尔盟首府海拉尔与伊敏铁路（海拉尔至伊敏）接轨后，滨洲铁路进入最后一段旅程。呼伦贝尔丰美的水草下蕴藏着丰富的矿产资源，其中特别值得一提的就是在接近终点满洲里的地方，有一座巨大的露天煤矿——扎赉诺尔煤矿。当年中东铁路建成后，沿线采矿权与伐木权一并被沙俄掠夺，俄国矿业专家经过勘测，在中俄边境的草原下发现了这座特大型煤矿。"九一八"事变爆发后，日本通过控制的"伪满洲国"以收买的方式获得了中东铁路的经营权，扎赉诺尔煤矿也随之落入日寇之手。经过南满铁道株式会社煤炭部门的经营，扎赉诺尔的露天煤矿初具雏形。到如今，经过近百年的开采，矿区已经成为了一座面积达 40 余平方公里，最深处近 200 米的超级大矿坑。仅仅数年前，数十台蒸汽机车沿着螺旋式的矿区铁路在矿坑里上上下下，运输煤炭与渣土的景象可谓万分壮观，曾吸引了大量国内外的蒸汽机车爱好者来此参观摄影。如今，露天矿已改为汽车开采。曾经震撼而精彩的历史已成旧梦，不能不说是一种遗憾。

离开扎赉诺尔，再向西 30 公里便是滨州铁路的终点满洲里。铁路修建前，满洲里只是呼伦贝尔大草原上不起眼的聚落，规模甚至连村庄都称不上。中东铁路不仅"拉来"了满洲里这座城市，甚至为它"拉来"

了名称。因为当时这里是中东铁路进入中国的第一站（当时俄国称中国东北为"满洲"），故铁路的设计者就顺手将这里命名为"满洲里"。如今的满洲里早已今非昔比，这里已成为中国最大的铁路口岸，融合中、俄、蒙三国风情，有着"东亚之窗"的美誉。在城区以西 10 公里的国境线上，中国最大的国门横跨滨洲铁路，每日中俄数十列火车穿行于此。登国门而上，向西眺望远方，俄罗斯国门之后西伯利亚大铁路似乎伸手可及。至此，滨洲铁路的精彩旅程也告一段落。

上：满洲里口岸换装场一片繁忙。

下：在国门上俯瞰。远方便是满洲里市区。图中俄罗斯的列车即将驶出中国国门，返回俄罗斯境内。

中国机车牵引过境列车驶入满洲里国门。

昆明

广通

碧色

中国铁道风景线

滇越铁路（中国段）

南宁

钦州

旧

河口

穿行在悬崖峭壁间的滇越铁路。它历经百年风雨，是凝固了时间的"活化石"；它盘旋于山岭之间，是铁路建设史上的传奇。

滇越铁路沿途四季草木葱茏、繁花似锦。

滇越铁路是连接中国云南省省会昆明与越南首都河内及其北方最大的港口城市海防的国际铁路，也是中国最早修筑的铁路之一。滇越铁路全长857公里，分南北两段：南段在越南境内，自海防至中越边境城市老街，全长389公里，于1901年动工，1903年建成。北段（也称滇段、云南段，亦称昆河铁路）在中国境内，起自昆明，经宜良、开远、碧色寨，在云南省河口瑶族自治县出中越边境，跨过南溪河铁路大桥，在越南老街市与滇越铁路南段接轨。滇越铁路北段全长468公里，设车站34个，于1903年动工，1910年竣工。由于建设背景和联运需要，滇越铁路采用了东南亚地区普遍使用的1000毫米轨距（俗称米轨），与相连的蒙宝铁路（蒙自至宝秀，已废弃）一起，成为了中国大陆地区唯一的窄轨干线铁路系统。

● 昆明

● 阳宗海

● 宜良

● 狗街

● 盘溪

● 开远

● 草坝

● 蒙自

● 芷村

● 腊哈地

● 河口

● 滇越风云

"云南十八怪，火车没有汽车快，不通国内通国外"，这句广为流传的民谣，很恰当地说明了滇越铁路的独特情况。作为云南第一条铁路，滇越铁路的修建缘起法国殖民者的侵略。19世纪末，法国武装占领越南，将其变成法国殖民地，

并据此觊觎中国。1885年，因越南"藩属权"之争而爆发抗击法国侵略的中法战争，因清政府的懦弱，最终"不败而败"。趁此机会，1885年法国迫使清政府缔结《中法会订越南条约》，在获得对越南"保护权"的同时，还获得在中国西南诸省通商和筑路的权利。

1897 年，在未正式获准修建滇越铁路之前，法属印度支那总督杜梅便派人以考察云南地理为名偷测红河至蒙自的铁路线路。1899 年，以法国东方汇理银行为首的几家机构成立滇越铁路公司，承包了滇越铁路的集资修建业务，并于 1901 年开始动工修建越南境内海防至老街段铁路。1903 年 10 月，法国与清政府签订了《滇越铁路章程》，以文件形式正式撷取在云南修筑滇越铁路的特权。1904 年，滇越铁路云南段正式开始兴建。工程历时 6 年，至 1909 年 4 月 15 日由河口通车至碧色寨，1910 年 4 月 1 日河口至昆明全线通车。

与地形相对平缓的滇越铁路越南段不同，从海拔 2300 米高的云贵高原蜿蜒下降至海拔仅 70 余米的河口，滇越铁路云南段需要经过无数高山峡谷，急流险滩。根据最初的选线设计，滇越铁路云南段全线 80% 的路段穿行在险峻的群山之间，全长 465 公里的线路上需修筑铁桥 22 座、石桥 108 座、隧道 158 座。而铁路全线最小曲线半径仅 80 米，最大坡度高达 30‰。"桥隧相连，弯急坡陡"，正可谓滇越铁路的真实写照，因此工程异常艰巨。纵然在同等条件下米轨铁路的工程量要远小于准轨铁路，但滇越铁路的单位公里建设费用却比当时

滇越铁路线路示意图

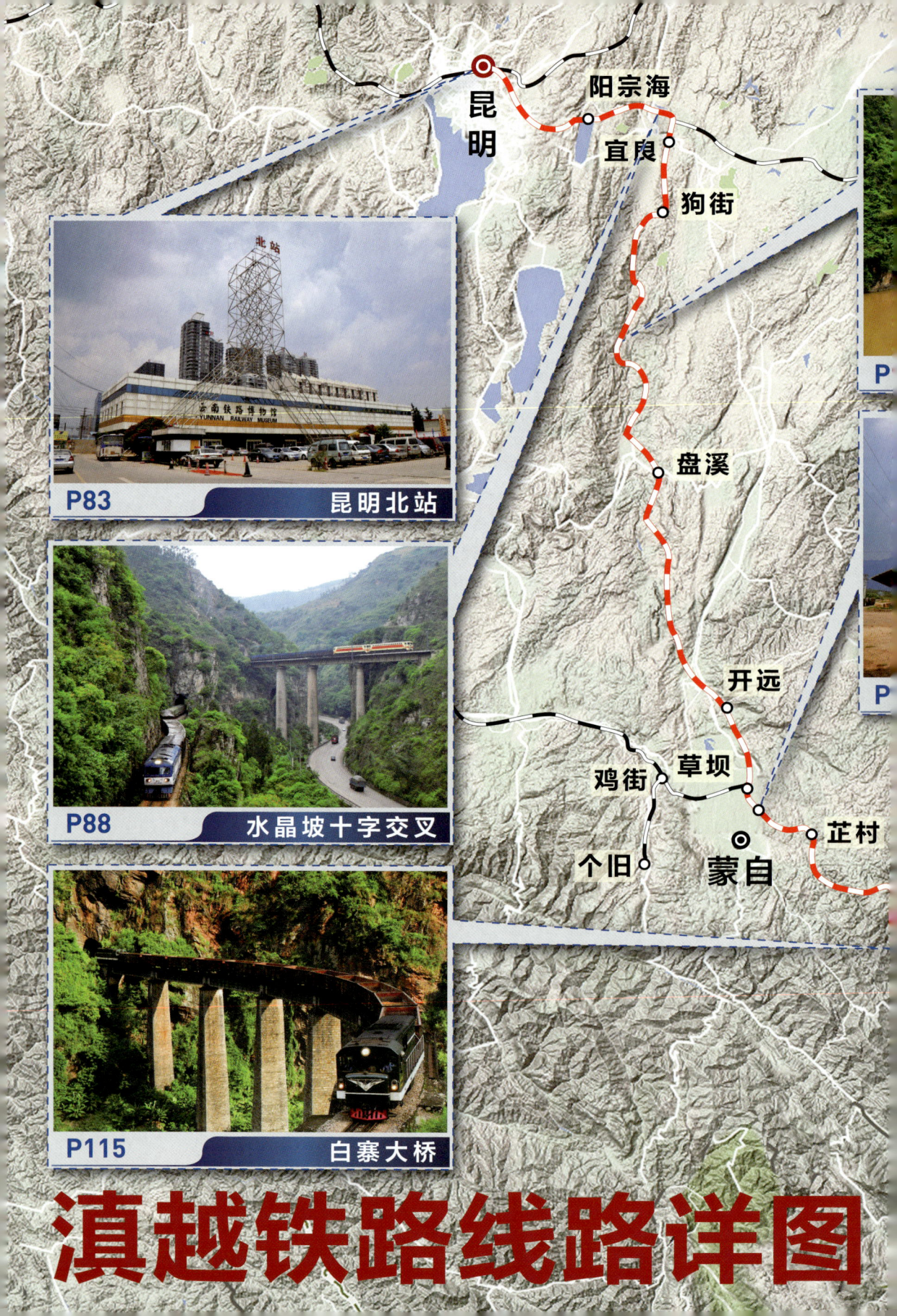

昆明

阳宗海

宜良

狗街

盘溪

开远

草坝

鸡街

芷村

个旧

蒙自

P83　昆明北站

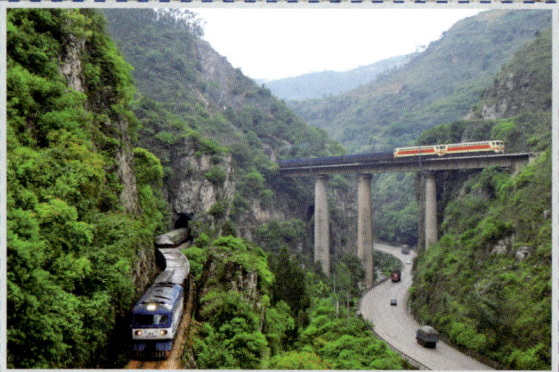

P88　水晶坡十字交叉

P115　白寨大桥

滇越铁路线路详图

南盘江峡谷

碧色寨

南昆铁路

黔桂铁路

P111　　　人字桥

P118　　　越南老街站

恰地

老街

左上：施工中的滇越铁路白寨大桥和坐落在河谷中的工棚。（资料图）

右上：滇越铁路的修建者在正在石拱桥上铺设钢轨。（资料图）

右下：民国时期以滇越铁路为题材的明信片，邮戳为当时的滇越铁路火车邮局专业戳。（资料图）

中国其他地区的准轨铁路高出一倍，全线建设费用总计高达 1.6 亿法郎（折合约 2000 万两白银），其工程之浩大可见一斑。因其浩大的工程和精湛的技术，滇越铁路自通车伊始，就被当时英国《泰晤士报》称为与巴拿马运河、苏伊士运河并列的"世界三大工程奇迹"而享誉世界。

然而，造就这一伟大工程的，除了金钱更有鲜血与生命。由于沿途自然环境恶劣，施工条件艰苦，无数劳工长眠在滇越铁路的施工现场。据法国方面统计，从 1903 年选线到 1910 年修筑完成，欧洲籍工程技术人员有 80 多人为铁路献出了生命，招募的 6 万多名劳工有 1.2 万人客死他乡；而清政府官员写给朝廷的奏折中，则称省内外先后招来修路的工人不下二三十万，其中

至少六七万人为修筑铁路付出了生命的代价。滇越铁路也从此有了"血染南溪河，尸铺滇越路。千山遍白骨，万壑血泪流"的血泪史话。

滇越铁路的开通让法国在云南通商、开矿等方面获得了巨大权益，也成为了法国殖民中国梦想的踏板。但始料不及的是，滇越铁路刚开通不久，中国爆发了辛亥革命，对西方列强俯首帖耳的清政府倒台，法国在中国的扩张不得不有所收敛。随后爆发的一战让法国元气大伤，更是无暇顾及在云南的扩张与侵略，只能依靠垄断铁路运输而获得单纯的经济利益。

二战爆发后，滇越铁路一度成为同盟国向中国"输血"的后方通道，因此频频遭到日军的轰炸破坏。1940 年底，日本占领越南，国民党政府为避免日寇沿铁路进犯，被迫拆除了碧色寨至河口间 170 多公里的线路。二战胜利后的 1946 年，中法两国政府签订协议，中国正式收回滇越铁路云南段的路权。通车 46 年后，中国版图上的滇越铁路才真正成为中国人的铁路。

然而，由于战争破坏和年久失修，直到新中国成立后，滇越铁路云南段才真正恢复元气。1957 年 12 月，中止了 17 年的滇越铁路全线恢复通车。从上世纪 50 年代到 70 年代，国家投巨资对滇越铁路进行扩能改造和牵引动力改革，大幅提高了相关线路的运输能力。70 年

代后期，中越关系恶化。1978年8月，越方将一辆棚车推至南溪河铁路大桥越方桥头，布上铁丝网，单方中断了中越国际联运。后在对越自卫反击战中，越方又将大桥的越南部分炸毁，彻底截断了滇越铁路。直至1996年2月14日，随着中越关系恢复正常，滇越铁路才恢复了中越国际联运。后随着经济发展，滇越铁路年运输量也逐步提高达到了800多万吨。2003年6月1日，因技术经济等多方面原因，滇越铁路云南段停办长途客运。2013年2月和2014年12月，与滇越铁路走向平行的玉蒙铁路（玉溪至蒙自）和蒙河铁路（蒙自至河口）相继建成通车，百年滇越上的列车急剧减少，未来不知何去何从。

20 — YUNNAN-FOU — La Gare

滇越铁路

选线之谜

今天的滇越铁路云南段自昆明至河口，线路走向基本都是沿着南盘江谷地和南溪河谷地蜿蜒，这里不仅山高谷深，甚至时至今日仍是人迹罕至。通常来说，铁路的修建往往优先考虑居民集经济发达之处，滇越铁路又为何另辟蹊径，特立独行呢？

其实，当年滇越铁路修筑之前，线路设计曾有"东线"与"西线"两个方案。自古以来，由越南前往云南都是走红河水路逆流而上，经老街、河口后，再继续逆流前行 100 公里达到蛮耗口岸入境，上岸后，沿驿道经蒙自、建水、通海、玉溪到达昆明，这也是滇越铁路最初的设计线路。这条线路沿途物产丰富、经济发达，极为适宜修筑铁路。但工程在蒙自到河口一段却遇到困难，特别是在直线距离只有 40 公里的蛮耗到蒙自间，线路如果沿新现河谷逆流而上，需要穿越茫茫哀牢山，最大高差竟达 1400 米，宛若天梯不可逾越。设计人员历尽艰辛，也无法勘测设计出一条 25‰ 坡度，100 米曲线半径的线路，即使将技术标准放宽至 25‰ 坡度，75 米曲线半径，虽然能够勉强选线，但线路要在纵横交错的山谷冲沟间，于 17 公里的距离内展线 45

公里才能通过。修建展线不仅迂回绕行，而且还要架设巨大的高架桥，这在当时来说技术难度太大，且工程量也将成倍增加，因此成为了大问题。同时，河口至蛮耗间的红河谷地还存在着大量不良地质路段，会严重威胁铁路施工和运营安全。

因此，法国人将选线重点转向了红河支流南溪河，勘测的线路自河口入境后，经山腰、芷村到碧色寨，再经阿迷（开远）、宜良至昆明。由于线位相对偏东，因此史称"东线"，与原设计的"西线"相对应。据史料记载，当时的总工程师尤里坚在对比东西两线的线位后，决定交叉择取，既沿东线南溪河谷到蒙自，再由西线从蒙自经建水、玉溪至昆明。这是一条科学合理的线路，西线建水、通海、玉溪等地多平坝，且物产丰富人口稠密，修筑铁路具有良好的社会和经济效益。然而，因为通海等地乡绅民众既怕铁路占用田地、夺取物产，又怕修路需要迁移祖先坟墓，故竭力反对，加之坝区不易解决修筑铁路的石料等原因，最终滇越铁路选择了经由开远、小龙潭、巡检司、宜良等地的纯东线方案，留下了历史的遗憾。

西线北段

由蒙自经建水、玉溪至昆明，沿途多平坝，且物产丰富人口稠密，适宜修筑铁路。但因沿途乡绅担心铁路占用田地、夺取物产和迁移祖坟，故极力反对，最终放弃。

东线北段

自蒙自碧色寨，经阿迷（开远），沿南盘江而上，经盘溪镇、宜良至昆明。沿途不仅人烟稀少且工程艰巨。实为不得已之选择。

西线南段

逆红河河谷而上，是传统驿道的方向。蛮耗到蒙自间 40 公里路段要翻越哀牢山，最大高差达 1400 米，宛若天梯不可逾越。加之红河河谷地质不良，故予以放弃。

东线南段

溯红河支流南溪河而上，经山腰、倮姑、芷村到蒙自附近的碧色寨。沿途人迹罕至，但工程难度相对较低，只有人字桥一处控制工程。实际选择这一走向。

昆明

玉溪

建水

开远

蒙自

河口

寻找起点

如今，昆明北站一般都被默认为滇越铁路云南段的起点。其实，在滇越铁路建成通车后，最早的昆明站（当时称云南府站）位于塘子巷，即今天的昆明铁路局大院内。当初的塘子巷火车站不大，建筑为典型的法式风格，红瓦黄墙、坐东朝西，并不十分起眼。但因为车站周边云集了外国工程师、铁路管理部门的官员和外籍铁路员工居住的各型法式洋楼，因此一片法式街区倒很是引人注目。

今天的昆明北站修建于抗战时期，是为了打通西线的滇缅铁路而续建的。当年，铁路从昆明塘子巷站出发，先绕至城东，再经昆明北站后向西，经石咀、安宁，一直铺轨到禄丰县的一平浪，是滇缅铁路的前期工程，并将昆明北站作为滇越铁路和滇缅铁路的接轨站。后来随着城市变化，塘子巷站至昆明北站之间的铁路被拆除，久而久之，

上：2011 年 8 月拍摄的昆明北站。如今车站站房和博物馆已重新修建。

下：著名的"米其林"动车现保存在云南铁路博物馆中。

人们也就拿昆明北站当做滇越铁路的起点了。

改革开放后，由于和城市发展相互干扰，位于昆明市区中心的塘子巷火车站和相关线路相继被拆除，至今已是寸迹难觅。昆明北站由于继承了滇越铁路始发终到车站的位置，则开始逐渐热闹起来。但这种热闹并没有持续很久。2003年，

滇越铁路停办长途客运，昆明北站喧嚣的候车厅顿时门庭冷落。如今，每天只有来往昆明市郊王家营、石咀的几对短途通勤客车停靠这里，给略感落寞的车站带来短暂的喧嚣。

如今，昆明北站的主体建筑已被改建成了云南铁路博物馆，博物馆专门展出有关滇越铁路和个碧石铁路（个旧～碧色寨～石屏）的历史资料和文物。博物馆机车车辆展厅里面则陈列着包括著名的"米其林"动车在内的不少曾经行驶在滇越铁路及其支线上的窄轨机车车辆。今天，默默陈列于此的机车车辆和略显孤寂的昆明北站，与周围鳞次栉比的高楼大厦形成了鲜明的对比，虽然有着淡淡的历史悲凉与落寞，但对于这些滇越铁路曾经的功臣们，也算是一个比较完美的归宿了。

米轨 " 大十字 "

在昆明西郊的团山，有一处非常罕见的"十字交叉铁路"，昆明北～石咀的昆石米轨铁路与昆明西站至云南冶炼厂的准轨专用线十字交叉，成为中国铁路上极为罕见的奇特景观。

为了保证通过大十字的米轨和准轨列车安全运营，这里还保留了独特的路签闭塞方式。每当列车运行至此，司机与线路所助理值班员都要交换路签。这一相对原始的行车方式，与米轨铁路一起，成为铁路世界里的"活化石"。

列车经过米轨大十字，独特的路签闭塞堪称铁路运输的活化石。

离开昆明

离开昆明北站，滇越铁路便在城市的建筑群中穿行。当年铁路为了不影响城市交通特意绕开了城市，但时过境迁，随着城市的发展，铁路又再次被闹市包裹其中。今天，每当仅有的几班通勤列车行至这一路段时，沿途每个道口都挤满了各种车辆和行人，规规矩矩地等待火车驶过。也许只有在此时，这段在飞速发展的城市面前依旧保持着几十年前原生态，虽积淀厚重却也略显落寞的滇越铁路才多少体现出昔日的地位和威风。

在下穿菊花立交桥后，贵昆铁路由南侧靠近滇越铁路。向前不远，便是准轨铁路的昆明东编组场。一排排轨道上停满了准轨铁路货车，

颇具气势，而米轨列车却被挤到了最不起眼的边沿，在准轨列车的长龙旁默默经过。昆明东站附近，滇越铁路设有小站牛街庄，这里曾是米轨和准轨的换装车站。至今昆明东站附近工作的老铁路人，依旧时常对当年对越自卫反击战时，车站不大的换装广场上停满坦克和军需物资的情景津津乐道。

出牛街庄，滇越铁路渐渐远离城市的喧嚣。在经过今天米轨和准轨铁路最大的换装车站——王家营站后，滇越铁路便彻底告别了大城市，开始在偏僻的郊野丘陵间穿行。铁路两旁，缓坡矮丘与人们印象中的云贵高原相去甚远。其实，滇越铁路全线最高，海拔 2026 米的水塘站便坐落在这里，可谓山水不露。

上：米轨长途列车停运后，每天只有两对通勤客车停靠的昆明北站显得愈发落寞，与周围鳞次栉比的高楼大厦形成了鲜明的对比。

滇越铁路列车行驶在阳宗海路段。下方便是并行的南昆铁路。

从阳宗海到水晶坡

离开水塘车站，原本平淡无奇的景色突然变得震撼人心：豁然开朗的视野里，云南第五大湖泊——阳宗海突然出现在眼前。碧透的湖水如同一块巨大的蓝色宝石镶嵌在山谷中，而铁路则铺设到了距离湖面数百米高的陡峭山崖之上。乘坐列车经过此处，从车窗远眺山崖下美轮美奂的湖光山色，甚至让人有种列车在空中飞驶的错觉。

值得一提的是，滇越铁路下方不远的山腰上，还有一条上世纪90年代新建的南昆铁路（南宁—昆明）与滇越铁路相伴同行。如果站在湖边抬头向山崖方向远眺，位于同一山坡不同高度上的两条铁路错落有致。如巧遇列车经过，飞驰的准轨列车和缓缓而行的米轨列车更是形成鲜明的对比。当年滇越铁路需要盘旋延展才能艰难翻越的山梁，今天南昆铁路依靠几孔隧道和几座高桥便轻松而过。时代发展的印记牢牢镌刻在铁路工程之上，仿似岁月的年轮记录下了历史的沧桑与变迁。

从阳宗海开始，滇越铁路开始一路下坡驶离云贵高原。从水塘经阳宗海到凤鸣村，滇越铁路不仅采用了25‰的最大坡度，更借助地形在山谷间连续使用U形和S形展线克服高程。可即便如此，很多在其他区段可以正常行驶的列车，在这段线路上也要一分为二，由两台机车分别牵引，追踪而行，在通过坡度最大的路段后才能重新合并。比起其它铁路在大坡度路段加挂补机的做法，这种牵引方式也称得上是奇妙的一景。

沿阳宗海西岸和北岸绕行半周后，滇越铁路开始进入精彩的水晶坡路段。在这里，原本开阔的地势突然变得狭窄，两脉高山相对，汤池河穿行其间。典型的喀斯特地貌上悬崖耸立、怪石嶙峋，茂密的热带植被遍布山间。遥想当年滇越铁路修建之初，这道山谷中多猿猴出没，鲜有人烟。而今，滇越铁路、南昆铁路、昆石（昆明—石林）公路三条交通要道汇聚于此，滇越、南昆铁路更是构成了精彩的立体十字交叉。不同的交通线路在狭窄的山谷间形成了立体、多层的交通网络，也让穿行其间的人们颇有时空错位之感。火车和汽车穿行于葱葱郁郁的山岭之间，宏伟的交通工程与壮丽的山岭完美交汇，工业之美

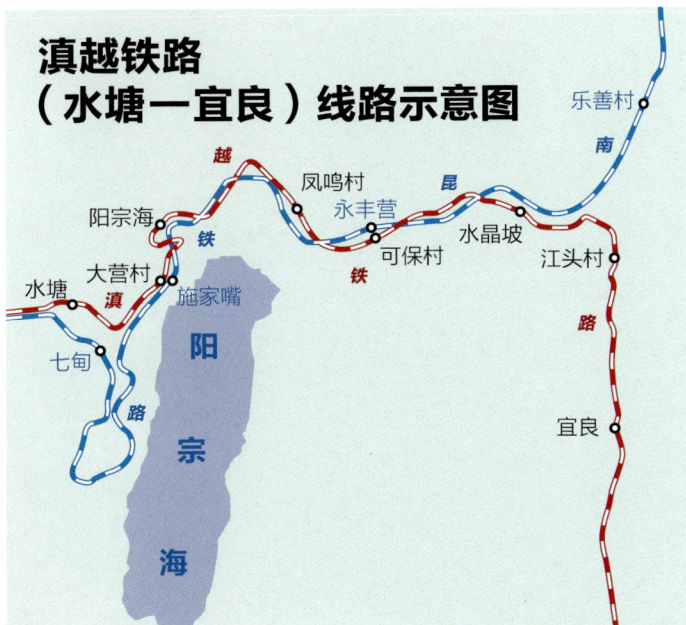

滇越铁路
（水塘—宜良）线路示意图

水晶坡路段滇越铁路和南昆铁路的十字交叉仿佛时空错落，是整条滇越铁路上的经典画面。

与自然景观的融合也让这段线路成为了全线著名的精彩之处。

在通过已经废弃的江头村站后，滇越铁路离开水晶坡峡谷，抵达宜良。由曲靖涌出的珠江源——南盘江在宜良坝子舒展身躯，与汤池河等河流汇聚，为宜良带来了丰富的水源和肥沃的土壤，将这里打造成了云南的鱼米之乡。作为滇越铁路上的重要区段站，宜良站曾有着辉煌的历史。那时候不仅当地出产的大米、煤炭、农副产品从这里由铁路运往各地，火车更是当地人前往省城最主要的交通方式。但随着米轨客运列车的停运，昔日热闹的车站逐渐冷落下来，只剩下为数不多的货物列车和部分保存完整的米黄色法式建筑，孑然兀立在夕阳中诉说着车站往日的辉煌。

右：驶出尘封的隧道。

下：DFH21 型内燃机车拉着米轨货车行驶在峭壁山崖间。

90

在密林间蜿蜒的滇越米轨。

南盘江峡谷

出宜良，滇越铁路开始在南盘江冲击出的宽谷中款款南行。在宜良坝子里，滇越铁路共设有宜良、羊街子和狗街子三站。这里是滇中最为肥沃富饶的土地之一，铁路两侧水田密布，村里鸡犬相闻；不远处，缓缓的丘陵上鲜花盛开，牛羊成群。这里虽然没有阳宗海湖畔的水天一色，少了水晶坡峡谷的山岭嶙峋，但铁路两侧轻柔秀美的田园风光，却给印象中穿山越岭、坚毅刚强的滇越铁路，带来一丝柔媚的味道。

狗街子站向南不远，山势渐拢，南盘江也开始与滇越铁路比邻而行。从这里开始，滇越铁路将开启长达150公里的南盘江峡谷之旅，这也是整个滇越铁路开远以北路段最险峻同时最精彩的路段。

滇越铁路在整个南盘江峡谷以盘溪镇为界，可分为上下两段，风光也大为不同。从狗街开始，经滴水、徐家渡、禄丰村，直至糯租、大沙田、西洱等站，是为上段。这里高山耸立，地势险峻，悬崖林立，水流湍急，仿佛缩微版的怒江大峡谷。由于山高水急，人迹罕至，很多地方至今仍保持着原生态的自然景观。当年，乘坐旅客列车经过此地的乘客，常可探身窗外：仰视蓝天，一线贯穿南北，左右山崖阻绝；环顾四周，青峰垂直壁立，层层叠叠。如今，虽无法身坐车中一睹美景，但仍可登高而望，俯瞰列车依山谷而行，蛇形的铁路与蜿蜒的河谷完美重叠，

上：滇越铁路沿途风景变化万千，不仅有深涧险峰相伴，也同样有湖光山色相随。

左上：驶过禄丰村南盘江桥的列车。

右上：夕阳下的狗街南盘江桥。

右下：在南盘江峡谷上段地势险峻、悬崖林立，仿佛缩微版的怒江大峡谷。

仿佛构成一幅线条简约、轻盈明快、湿润淋漓的中国山水画之景。

当年，为了避免翻越高山，滇越铁路选择了沿南盘江谷地而行这条相对平缓的线路，但沿途陡峭的山崖依旧给铁路的修建制造了诸多难题。为了回避悬崖绝壁和不良地质，整个滇越铁路不得不四次横跨南盘江。一路上，铁路都几乎在绝壁上行进，跨沟谷，穿隧道，桥隧相连。由于时代限制，滇越铁路上绝大多数隧道都没有衬砌，甚至隧道口都直接修筑在悬崖之上，未加修葺。隧道洞顶岩石狰狞，参差不齐，洞内壁石也已经被百年来的蒸汽机车、内燃机车烟熏油污看不出原色。每当行至此处，触手可及的似乎不仅是参差的山岩，更是百年的历史，百年的时光。

除了优美的峡谷风光，南盘江峡谷中的很多小站也独具特色。如滴水车站，由于交通闭塞，很少受到世人打扰，整个车站还基本保持了建成时的法国风格原貌；又如禄丰村站，由于山地狭窄，车站和小镇紧挨在一起，镇上的所有建筑物一边紧靠车站，另一边用高高的水泥桩或木柱支撑在河滩上，形成"吊脚楼"的样式；再如彝族支系阿细人的聚居地糯租和西洱等小镇，一群群身穿鲜艳民族服装的彝族男女老少不时在铁路边走过，给沿线美丽风景中增添了许多民族风情的魅力。滇越铁路曾是这些小镇的生命线，甚至车站广场就是当地群众的集市，火车一来集市就起，火车一走集市就散，一天甚至可以反复多次。但自从滇越铁路停止客运后，集市也失去了存在的意义，很多小镇也日渐荒芜，令人唏嘘不已。

在经过小河口站后，南盘江峡谷逐渐开阔起来。铁路两侧成排的桦树和桉树掠过，高大光滑的树干仿佛联排的线杆，树冠则在铁路上方相接，构成一座独特的绿色"隧道"，任由列车在其间穿行。铁路从树林中穿出后，便抵达盘溪车站。车站所处的盘溪古镇位于南盘江冲击出的一小块平坝之上。铁路通车后，作为弥勒、华宁和通海三地的物资中转站和集散地，当年的盘溪镇迎来送往，火车的汽笛声与骡马的嘶鸣声交织回荡，热闹非凡，甚至一度有"小香港"之称。可时代的变迁让滇越铁路逐渐没落，特别

列车通过狗街南盘江大桥。从狗街到小龙潭，滇越铁路四跨南盘江，如同针线般穿梭在峡谷之间。

蛇形的铁路与蜿蜒的河谷完美重叠，构成一幅线条简约的写意画面。

上：远眺禄丰村与滇越铁路大桥。

是客车的停运后，盘溪火车站彻底冷落下来。如今每天只有为数不多的几趟货车通过和停靠这里，保存完好的米黄色法式车站建筑和水塔等铁路设施静静地闲置在那里，似乎是在回忆曾经的辉煌。

出盘溪车站，滇越铁路便进入了南盘江河谷的下段。南盘江在这里告别了狭窄的山谷，开阔的地势让水流也不再如上段湍急。河谷旁，层层叠叠的梯田在阳光的照耀下泛着亮光，呈现出云南山地河谷的特殊魅力。过巡检司，至小龙潭，滇越铁路最后一次跨越南盘江。最为特别的是，这里保留了一座特殊的

"花桥"。所谓"花桥"，是滇越铁路建设初期法国工程师利用钢轨拼焊而成的几何形大桥，因为大桥的外形颇似一个长方形的编箩，所以当地人俗称其为"花桥"。这座大桥在抗日战争时期曾被日寇飞机炸毁，经抢修后虽重新启用，但桥体已被炸松。20世纪60年代，为确保安全，铁路部门在"花桥"附近重建了一座大桥，此桥就一直闲置下来。如今，"花桥"上的铁轨已被拆除，但与桥架连为一体的钢制轨枕依在，而两岸百姓依旧把"花桥"当成过江的首选。百年老桥依旧发挥着余热，无声的见证着滇越铁路的发展与变迁。

峭壁下的列车与山顶的崖寨。这种神奇的景象在全国都再难寻觅。

每当列车交汇之时，都是小站一天中最热闹的时刻。

走进开远

出小龙潭，至打兔寨，滇越铁路终于与相伴良久的南盘江告别，穿隧南下，直抵开远。开远古称"阿迷"，在滇越铁路修建前，这里只是一个小小的村落。铁路通车后，由于开远独特的地理位置，迅速成为滇南的工业重镇和物资集散中心。特别是新中国成立后，这里成为国家第一批重点建设项目中大型化肥厂的选址，很多苏联和东欧国家援建的大型设备，便是由越南海防卸船，经滇越铁路运送至此，开远也从此成为新中国最大的化肥生产基地。

与此同时，滇越铁路也格外青睐这座自己拉来的城市。作为全线最重要的结点，开远不仅拥有滇越铁路云南段规模最大的车站和齐全的铁路设施，甚至当年专门管理滇越铁路和个碧石米轨铁路的开远铁路分局也坐落此处，可见开远在滇越铁路中的地位。很多在滇越铁路工作的职工，也把家安在了这座城市。铁路和城市，到底谁成就了谁？或许这个问题的答案已经不重要了，因为二者的血脉已经融为一体，不可分开了。

翻越玉林山

南出开远，滇越铁路继续前行。此前沿南盘江一路而下的铁路在离开开远平坝后，重回大山的怀抱。从海拔 1064 米的开远到海拔 1634

米的芷村，滇越铁路将一路爬升，翻越南盘江与红河支流南溪河的分水岭。而开远南郊的玉林山便是攀升的起点。

进入玉林山前，一座精美的七孔石拱桥拉开了滇越铁路南段精彩美景的序幕。这座全长 95.8 米，宽 4.4 米的石拱桥挺拔俊秀，桥墩最高 21 米，最低 14 米，桥面坡度达 21‰，桥台两端则位于不同方向的反曲线上，整个石拱桥犹如一条飘带飞舞山间。和滇越铁路其它石

下：玉林山前七孔石拱桥拉开了滇越铁路南段精彩美景的序幕。

深处的南洞山谷自古便被誉为"阿迷八景"之首，成片的苍松翠柏间露出古寺的红墙黄瓦，溶洞深处的清泉四季长流。滇越铁路就在风景区山腰的悬崖峭壁上辗转腾挪。为克服高程，因地制宜地沿山脊绕着山谷画出一道"几"字型走向的展线。深谷两侧的山间，两段铁路遥相呼应，却高低不同，同其后人字桥附近的展线颇有异曲同工之妙，虽规模不及后者，却更显玲珑精致。百年前滇越铁路竣工时，法国工程摄影师曾在这里的山巅完整记录了展线的走向。百年后的今天，当我们重回此处，却见山势险峻依旧，铁路蜿蜒如初。只是时隔百年，当初略显突兀的铁路早已经与山间的美景完美融合在了一起。时光穿越，积淀的是滇越铁路的百年沧桑。

● 情迷碧色寨

经过大塔站后，滇越铁路翻过玉林山，经蒙自坝子中的大庄、草坝等车站，抵达碧色寨。这段铁路穿行在蒙自平坝间，一段长达 8 公里多的直线在以"蛇形铁路"而著称的滇越铁路中堪称奇葩。

作为滇南哀牢山区最大的平坝，蒙自坝子土地肥沃，物产丰富，自古便是滇南的经济文化中心。特别是近代红河水道的开发和越南海防港的建立，个旧锡矿被大规模开采运输。在法国的威逼利诱下，清政府于 1889 年正式建立蒙自海关，史称"蒙自开关"，从此蒙自也成

拱桥一样，玉林山七孔桥就地取材，砌石为拱，完美结合了中国古代建筑文化和近现代科技，用中国古老的造桥方式托起当时最先进的钢铁大道。直至今日，以玉林山七孔桥为代表的滇越铁路诸多石拱桥依然矗立山间，成为滇南大山中默默无闻的艺术珍品。

过七孔桥后，滇越铁路便开始在山脊上蜿蜒盘展，奋力爬升。此间山势独具特色，虽不高，却有气势；虽不奇，却棱角分明。玉林山

上：滇越铁路就开远南洞附近的山腰上辗转腾挪，为克服高程绕着的山谷画出一道"几"字型走向。

下：建成初期的玉林山展线。

为西方列强入侵中国西南的突破口。在当时，蒙自是云南省最大的外贸口岸，全省 80% 以上的进出口物资在这里通关。一时间，蒙自城内热闹非凡，各国洋人和洋楼比比皆是。直到今天，海关行署衙门、哥胪士洋行和法国邮局等历史建筑还完好地保存在蒙自城中。可以说，正是繁忙的进出口贸易加速了滇越铁路的诞生，铁路因此也和蒙自这座古城结下不解之缘。

不过，滇越铁路并没有穿过蒙自城中，只在城东十几公里外的山腰上延展而过。有传说这是因为当年蒙自乡绅反对铁路才绕路而行，不过仔细研究下线路走向就会发现这并非主要原因。滇越铁路自草坝站开始，就在蒙自坝子边的山腰上缓慢蜿蜒上行，为翻越芷村附近的分水岭做着准备。如果铁路绕行蒙自平坝最低处的蒙自市区，再攀上芷村的山岭，不仅线路坡度难以控制，线路里程也会大大延长。工程有时被迫向现实低头，从古至今始终如此。

不过，铁路留给蒙自的遗憾，却完完全全被碧色寨弥补了。这座位于蒙自城西北 11 公里的小镇并非因铁路而生，却因铁路而辉煌，因铁路而落寞，它的荣辱传奇，似乎就是滇越铁路的缩影。

碧色寨原名"壁虱寨"，在滇越铁路通车前只是一个极为普通的

碧色寨百年风貌犹存，只是站台上写有"Paris"字样法式挂钟却永远停摆。

小山村，从名字就能看出它原来是多么原始落后。1903 年，滇越铁路途径碧色寨并设立车站，由于这里是距离蒙自海关和个旧锡矿最近的车站，因此建站伊始，碧色寨便与河口站双双被定为特等车站。要知道，就算当时省城昆明站也只是一等车站而已。起先，个旧的锡矿通过水运和马车运抵碧色寨，再倒装到火车上外运。自 1918 年起，个碧石寸轨铁路（碧色寨一个旧一石屏的 600 毫米轨距窄轨铁路）分段通车，更多的货物得以通过寸轨铁路运抵碧色寨，再倒装滇越铁路的列车，或南下出海运往海外，或北上省城分销全国。人员和物资的集散给碧色寨带来无限繁荣，等待运输的大锡、皮毛和大米装满仓库，火车的汽笛声，搬运工的号子声昼夜不停。一时间，不仅车站附近的海关和邮局热闹非凡，很多法、英、德、美、日等国的外国人也接踵而至，在这里开设洋行、酒楼、饭店和百货公司，与蒙自城里的洋人街遥遥相望。当然，中国传统的票号、货栈也遍布小镇。当时，每天数十

对列车在此经停，载客运货，热闹非凡。小镇上则是美女富商洋酒咖啡应有尽有，甚至云南最早的网球场也建在这里。其开放和繁华程度，在当时的整个云南都首屈一指。

从 1910 年滇越铁路通车算起，碧色寨繁荣了整整三十年。1940 年，二战战事吃紧，为了避免日军沿铁路入侵，国民党政府拆除了碧色寨至河口的铁路路轨。战争阴云加之外贸中断，碧色寨迅速失去往日的辉煌。解放后，碧色寨至河口段铁路于 1957 年修复，重新开通客货运输。可是好景不长，随着 1959 年底草坝至雨过铺、官家山站米轨铁路的修通，米轨和寸轨铁路的换装工作移至雨过铺站，蒙自至碧色寨段的寸轨铁路也遭拆除。这让碧色寨车站彻底没落，车站级别也从特等降至与其他沿线小站无异的四等。

今天，昔日小镇的繁华和车站的喧嚣早已成为历史的长河中逝去的浪花，但沉寂下来的小站完整保留了二层站房、仓库、水塔等诸多原汁原味的法式建筑。虽历经百年沧桑，但这些红瓦黄墙、片石镶角、花砖铺地的尖顶建筑至今完好保存着当年的法兰西风格和样式，当年法国工作人员在车站值班室门前标注的北回归线标志至今也清晰可见，只是站台上写有"Paris"字样法式挂钟却已停摆。在碧色寨落寞的车站和乡村间，巴黎的浪漫仿佛早已凝结在这不再走动的钟表间，让时间永远停留在那姹紫嫣红、流光溢彩的时代。

相携南溪河

出碧色寨，过黑龙潭，滇越铁路向南继续爬升，不远便抵达芷村车站。这座大山深处的美丽小站今日虽名不见经传，当年却是滇越铁路上的重要结点。位于南溪河源头的芷村是滇越铁路从河口上行云贵高原的第一个制高点，距离蒙自城区也不过20多公里，因此滇越铁路开通初期，云南段的机务总车房（架修段）便设在芷村，全线所有机车的架修和中修工作都集中在了这里。同时，作为文山、蒙自、屏边三县的重要物资中转站，中、法、越文化的汇集让芷村因铁路而繁荣，法国人的小院和越南人的居屋围绕在车站周围，造就了车站旁著名的"南溪街"。1940年，芷村车房的所有设备随着碧色寨至河口段铁路的拆除而转移至宜良和开远等地，即使后来滇越铁路碧河段修复通车，芷村也再也没能恢复往日的重要地位。与碧色寨相似，芷村站曾经的辉煌我们现在也只能从保存完好的法式站房等建筑间寻找了。

离开芷村，滇越铁路便与南溪河一路伴行，直抵中越边境。自芷村附近发源，至河口汇入红河干流的南溪河，短短百余公里的河段落差竟达1500余米。整个河谷地区地形复杂，河道飞瀑险滩相接，山间原始森林密布。也正是在这一段，滇越铁路最令人惊诧的风景、最震撼人心的工程都将一一出现，成为滇越铁路风景线上最核心的"景区"。

从芷村经落水洞至戈姑，山势一路走低，但落差不大，两岸的梯田、农舍时隐时现。南溪河水也未形成激流，只是一条潺潺的山间泉溪。铁路两边的喀斯特地貌有似桂林，奇型变换。山间小溪泉水叮咚，缓缓汇入南溪河。成片的灌木丛包围在稀疏的茅屋周围，优美的环境宛若桃花源。

过倮姑站，铁路两侧的风景猛然变换。从这里到白寨的铁路堪称整个滇越铁路最为奇险的路段。在倮姑附近，南溪河强烈切割着山谷，山势也立刻变得陡峭险峻，刚刚还在铁路边的河水转眼便以几个连续瀑布跌落数百米深的山谷之下。在倮姑站至亭塘站区间，有一道声名远播的悬崖，人称"老虎嘴"。依山傍水的铁路线，一边是深深的河谷，另一边紧靠陡峭的山崖。靠河这边矗立的巨石，像尖锐的下虎牙，向铁路上方恶狠狠地呲着，而山崖上倒悬挂着的巨石垂向铁路上方，好像上虎牙对着下虎牙咬将下来，摇摇欲坠，形成了令人望而生畏的"老虎嘴"。而来来往往的列车，紧贴着山崖，强扭着身躯，蠕动过接二连三的曲线，似乎像蛇一样，从"老虎嘴"逃脱。

实际上，倮姑至白寨路段是一个大型展线，直线距离仅20公里的两站间高低却相差800米，只好用延展了40公里的线路来减缓坡度，但即便如此，该路段的坡度也高达25‰，是滇越铁路坡度的极限。从高空俯瞰，滇越铁路伴随陡峭的山崖和湍急的河水，在山间辗转身躯，

沿南溪河支流四岔河河谷画出一个巨大的"几"字，如上天铸造的一柄弯弓安置山间。虽有展线延缓坡度，但有时列车负重稍多，也仍需加挂补机，两台机车配合方能让列车安全通过陡坡。云南民间流传着"蛇形的铁路，船形的火车，英雄的司机，不怕死的乘客"的民谣，即是这段铁路的惊险离奇的真实写照。

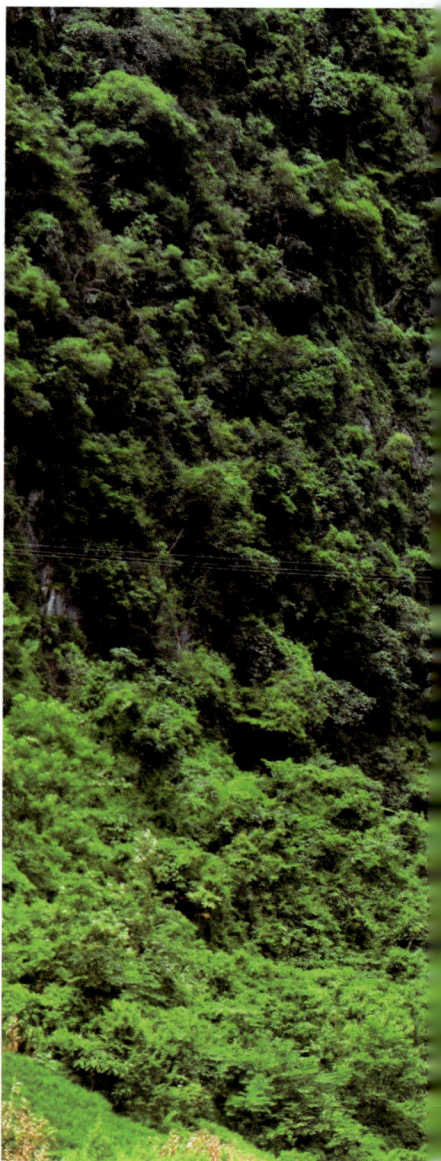

● "人字桥"传奇

当年，法国工程师们曾将南溪河谷评为滇越铁路全线景色最为壮丽的路段，其雄伟壮观甚至可与阿尔卑斯山媲美。可雄山美景对于铁路工程来说便意味着天堑横亘，必将遭遇千难万险。在惊险刺激的"几"字型展线顶端，亭塘与波渡菁站间的四岔河便留给世人一个世界级的铁路工程难题。这里青峰壁立，怪石嶙峋，河谷两侧都是高300余米的峭壁悬崖。而在距离谷底100米处，两侧相距约70米的绝壁之间，必须架设一座铁路桥梁连接两端的隧道。由于铁路线位地处山腰，距谷底尚有百余米，采用石砌高架桥既不经济，工期又长。架设单孔长

右：人字桥是滇越铁路的点睛之笔和代表之作。

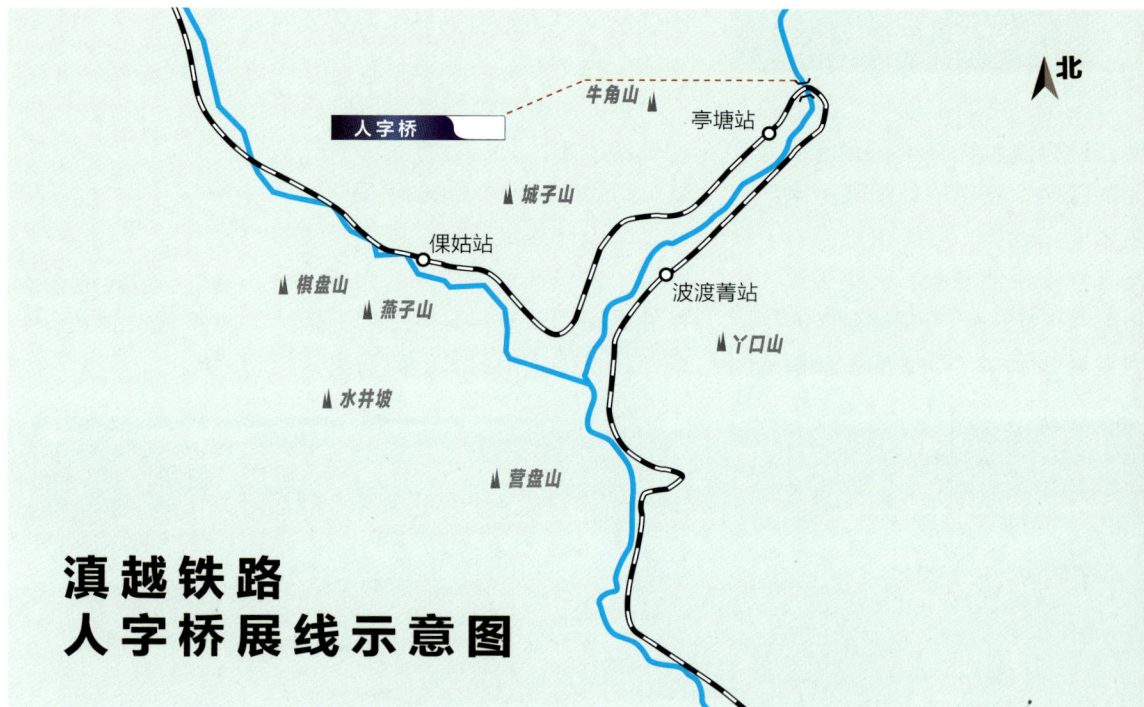

滇越铁路
人字桥展线示意图

（地图标注）北

人字桥　牛角山　亭塘站

城子山

俅姑站

棋盘山　燕子山　波渡菁站

丫口山

水井坡

营盘山

跨钢梁又由于桥的两端均为半径仅为 100 米的隧道，无法运输安装。据说当年方案征集时，寻遍整个法国也难以找到一个合理的方案。

就在大家一筹莫展之时，当时已颇有名气的法国工程师保尔·波登拿出了极具创意的"人字桥"方案，一举解决了难题。保尔·波登前期曾初构思了几个方案，却都难以成型。直到有一天他去缝纫店去订做衣服，见到女裁缝不慎掉落的剪刀刚好两个刀尖插在地上，由此迸发出"人字桥"的灵感。

顾名思义，"人字桥"像一个"人"字伫立绝壁之上，两臂伸平，两腿叉开，用三角形的结构架起钢梁。这座单线米轨大桥全长 67.15 米，采用双重式结构，下部由三铰人字拱臂钢架组成，跨度 55 米，矢高 15.6 米，拱臂底部分别支撑于两端山腰间的铸钢球形支座上；上部是由人字拱臂钢架托起的 4 孔简支上承钢桁梁。

修建"人字桥"的过程也充满了艰辛。为适应云南山高谷深，交通运输只能靠人抬马驮的特殊条件，"人字桥"的所有桥梁钢结构部件在设计时都充分考虑了运输的问题。根据要求，所有构件单件重量都限制在 100 公斤以内，长度限制在 2.5 米以内。所有构建均在法国制造后海运到越南海防港，再人背马驮运送至施工现场拼接安装，令人惊诧的是，所有零件拼合的时候都是毫厘未差，可见当时修路勘察的高度精确和制造技术的高度精密。整个桥体就由这些短而轻的杆件拼铆而

右上：人字桥仍伫立绝壁之上，两臂伸平，两腿叉开，结构之精巧令人赞叹！

右下：人字桥建设示意图。

112

成，历经百年直至今日依然坚固如初。

百年间，"人字桥"凌空飞跨在青山绿水间，成为壮美的山水画卷中画龙点睛的精彩一笔。2006年，在开工建设后的第99个年头，"人字桥"因独具匠心的设计、雄伟壮观的身姿、坚实可靠的质量和愈久弥新的文物价值，被国务院列为全国重点文物保护单位。其实，整个滇越铁路，不都是一份丰厚的遗产，一部无声的史书吗？

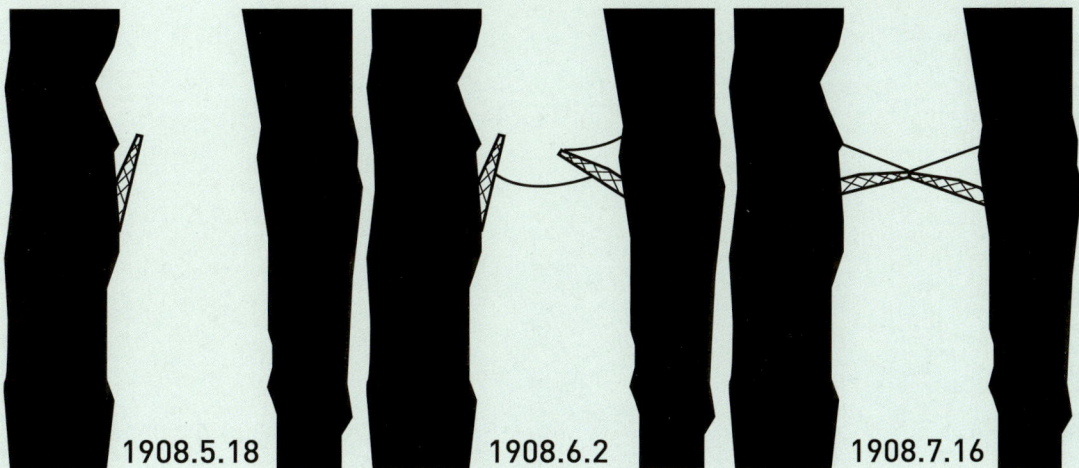

1908.5.18   1908.6.2   1908.7.16

在南溪河对面的山崖远眺，滇越铁路上缓缓而行的火车与壮观的飞瀑相比，竟是如此渺小。

🟢 中越相交

离人字桥，过波渡菁，滇越铁路沿南溪河蜿蜒行走。至湾塘一带，山势虽不及倮姑险峻，但因在一脉山箐中运行，仍是处处深谷，时时绝壁。在进入湾塘站前，一座数十米高的巨型飞瀑在从铁路边的悬崖上倾泻而下，震耳欲聋的水声在数公里之外都能听见，这便是著名的湾塘瀑布。据值乘过滇越铁路客运列车的列车员说，当年开行的旅客列车时，每次经过这里，都要提醒乘客关紧车窗，否则飞溅的水雾能把乘客淋得全身湿透。站在南溪河对面的山崖远眺，滇越铁路上缓缓而行的火车与壮观的飞瀑相比，竟是如此渺小。也许在中国的万里铁路线上，铁路与瀑布的结合太过难

得，以至于列车驶过湾塘瀑布的景象无数次入选各种画册，成为经典。

还没从山顶飞瀑的神奇景观中回过神来，滇越铁路又接近了另一个震撼人心的景观——白寨大桥。

上：白寨大桥在建成初期曾是一座全钢铁结构钣梁高架桥，造型优美。

下：由于战争破坏，今天的白寨大桥桥墩改为片石堆砌，略显平淡。

这座深谷中的弧型大桥是滇越铁路上的又一经典。全长 136 米的大桥在建成初期曾是一座全钢铁结构钣梁高架桥，8 个钢塔式桥墩依河而建，最高墩达 34 米，有 10 层楼高。整个大桥造型优美，钢筋林立，如同横放的埃菲尔铁塔，在中国铁路桥梁史上甚为罕见。只可惜二战期间，白寨大桥先遭日寇飞机狂轰滥炸，后被国民政府的拆轨队彻底拆除。1957 年，铁道兵修复滇越铁路碧河段时仅对桥面钢构做了原样恢复，桥墩则就地取材改用片石堆砌，因此现在我们只能从历史照片中一睹白寨大桥当年的风采了。

滇越铁路过白寨，经腊哈地至老范寨后，险峻的山势大为减缓。此时的南溪河水通过沿途山泉的汇聚已经初具规模。从这里开始，滇越铁路一直沿着南溪河行进，直至中越边境。此处虽然依旧山水如画，崖岩显露，但较之倮姑湾塘一带的

风光却显得过于舒缓。解放后，南溪河下游的山谷被大面积开垦，香蕉、菠萝与橡胶树等热带经济作物遍布山坡，亚热带独有的农场田园风光成了沿途车窗外独特的风景。

经山腰站，滇越铁路终于抵达河口。这座红河州最南端的小城与越南老街市隔红河相望，因外贸的发展，这座边境小镇已初具规模。滇越铁路云南段的最后一站——河口站造型也颇为气派，但由于客运列车停开多年，车站广场人迹寥寥，候车大厅大门紧闭，略显苍凉。站外的南溪河上，在上世纪 40 年代和 70 年代两度因战争被毁的边境铁路大桥，在中越两国关系和好后已然整修一新。在大桥的另一端，从老街到海防，滇越铁路越南段还有 380 多公里漫长旅程，只是再无雄峰险难，高桥长隧，而滇越铁路最精彩的云南段 400 多公里风景旅程至此告终。

下：河口站是滇越铁路云南段的最后一站，但由于客运停开多年，车站广场人迹寥寥，略显苍凉。

南溪河下游的滇越铁路两侧已是一片热带风采。

一台曾在滇越铁路云南段服役的 DFH21 型机车转配越南，停靠在越南老街车站上。

老街车库和越南的调车机车。

石屏

鸡街

草坝

碧色寨

个旧

中国铁道风景线

个碧石铁路

列车经过个碧石铁路缅甸大拱桥。

行驶在个碧石铁路上的列车。

滇南地区的崇山峻岭中，除滇越铁路外，还有一条串起蒙自、建水、石屏和宝秀的米轨铁路，而它的前身，便是当年赫赫有名的个碧石铁路。这条铁路最早起自滇越铁路碧色寨站，经蒙自、鸡街至个旧，后由鸡街向西北分岔，经建水至石屏，全长177公里。自1915年5月工程开工至1936年10月全线建成，个碧石铁路建设前后共历时21年零5个月。2013年，随着新建玉蒙铁路（玉溪至蒙自）的通车，曾经的个碧石铁路上的列车已全部停运。我们只能在历史的碎片中寻找当年的人文风情与铁道风景。

前世今生

1910年，滇越铁路的建成通车，在开阔云南百姓视野的同时，也极大地促进了滇南地区工业和矿业的发展。特别是个旧地区品质上乘的锡矿迅速成为国际市场的抢手货。滇越铁路通车后，个旧出产的大锡靠马帮驮至碧色寨装车，南下越南海防港装船出海销往国外；海防港进口的各种采矿设备和生活物资又需靠马帮驮回。虽然这种运输方式比早先马帮将矿石运至红河沿岸倒装水路船运便利了不少，但是仍无法满足大批矿石外运的需要。

滇越铁路的建设和通车，使云南开明士绅深感主权丧失。恰逢此时，法国亦欲展筑滇越铁路支线，以此窥视并攫取个旧锡矿的采矿权。为此，个旧地区的多位矿主和沿线乡绅纷纷捐资入股，意欲自主修建铁路。辛亥革命后的1913年，在时任云南总督蔡锷的支持下，个碧石铁路股份有限公司成立，着手开展筑路事宜。起先，个碧石铁路定

碧色寨
蒙自
雨过铺
鸡街
个旧
建水
石屏

为官商合办，后因代表官方的滇蜀铁路公司线路迟迟无法动工，因此退股还民，个碧石铁路遂成为旧中国主权最完整的一条民办铁路。

在建设伊始，考虑到个碧石铁路运量较低，且民办铁路工程能筹集到的资金有限，加之个旧附近山高路险工程艰巨，因此本着节约和实用的目的，个碧石铁路选择了600毫米的窄轨轨距（俗称6寸轨，简称寸轨）。节省工程成本的同时，也避免了与滇越铁路轨距相同，法国势力趁机侵入的危险。

不过，在修建鸡街至石屏段时，时任总工程师萨福均建议按照米轨筑路，寸轨铺通，为日后发展留有余地，并在滇越铁路路权收回后方便两线直通运输。的确，由于轨距不同，米轨与寸轨列车间的换装给货主和铁路都带来了诸多不便。加

之寸轨铁路运能低下，改轨势在必行。

1946年，中华民国政府正式收回滇越铁路路权，改建工作虽提上议事日程，但因民国政府忙于内战而一再搁置。直到新中国成立后，个碧石铁路的改建工作才重新启动。1959年，草坝至官家山的草官线建成通车，米轨和寸轨的换装车站因此由碧色寨改至雨过铺，同时拆除了碧色寨至蒙自的寸轨铁路，并自石屏站向西延长10公里至宝秀，个碧石铁路自此也改称蒙宝铁路（蒙自至宝秀）。1970年，蒙宝铁路改轨工程顺利竣工。从此之后，除鸡街至个旧段仍保留寸轨运输直至1990年停运外，原个碧石铁路全部纳入滇南地区米轨铁路网，实现了与滇越铁路干线的直通运输。回想萨福均当年的远见卓识，也着实让人赞叹。

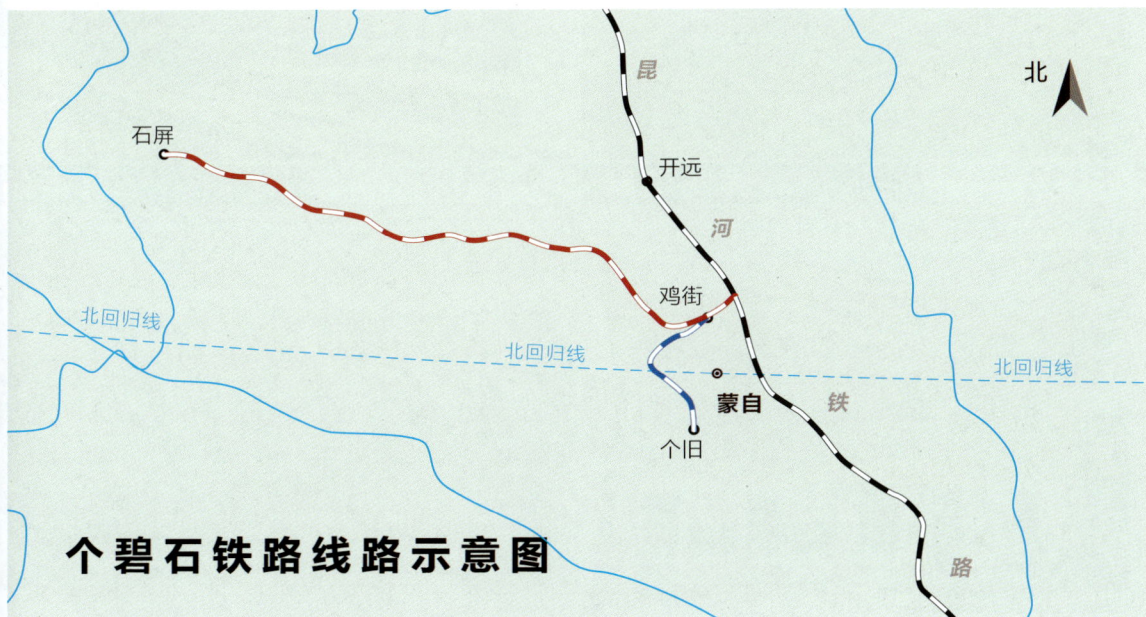

个碧石铁路线路示意图

宝秀

个

石屏

蒙

宝

碧

建水

异龙湖

龙朋镇

新城

G323

坝心镇

鸡石高速

西庄镇

临安镇

G323

P133　石屏站

P131

P132　异龙湖畔

P129　鸡街站

P130　个旧站

红河县

元江

元阳县

甲寅乡

缅甸大拱桥

P128

碧色寨

北

碧石铁路线路详图

上：碧色寨寸轨铁路站房至今保存完好，红瓦黄墙的二层小楼极具法国风范，但除此之外碧色寨再也难寻半米寸轨铁路的遗迹。

从草坝到鸡街

严格意义说，个碧石铁路的起点当属碧色寨站。作为当年的滇越铁路云南段仅有的两个特等站之一，碧色寨站因个碧石铁路的联通而更加繁荣。当时，仓库里堆满了换装的大锡和粮食，个旧、建水、石屏等地前往省城昆明的乡绅百姓也挤满了候车大厅。但随着草官线的建成和碧色寨至蒙自段铁路的拆除，碧色寨迅速没落。时至今日，虽然碧色寨那幢红瓦黄墙，极具法国建筑特色的寸轨铁路站房还保存完好，但除此之外再也难寻丝毫寸轨铁路存在过的痕迹了。

由于碧色寨至蒙自段铁路的拆除，蒙自站便成了个碧石铁路新的起点。车站紧靠蒙自市区，但由于旅客运输停运多年，这里也不复往日的辉煌。从蒙自向北15公里，蒙宝线与草官线在雨过铺站十字交叉，今天的个碧石铁路就由这里经草官线与滇越铁路正线相连。

过雨过铺，个碧石铁路开始在蒙自平坝的边缘延展盘旋，经江水地至鸡街。个碧石铁路全线建成通车后，由蒙自去往石屏和个旧的铁路在这里分岔，鸡街也因此逐渐由一个不起眼的小村发展成远近闻名的商埠。上世纪70年代个碧石铁路改建为米轨后，作为寸轨铁路与米轨铁路最后换乘站的鸡街迎来了历史上最繁忙的时期。当时寸轨铁路的机务段和车辆段全部设置于此，个旧出产的锡矿石也经过这里运往全国。如今，最后的 3 台寸轨机车分别被中国铁道博物馆、云南铁道博物馆和上海铁道博物馆珍藏，而破败的鸡街寸轨车库中，仅存的几辆被厚厚尘土覆盖的货车车厢，也成了寸轨铁路不多的记忆了。

荒草中的鸡个线

说到鸡街，就不能不说说鸡个线。这条起自蒙宝线鸡街站，经乍店、火谷都等站，终至个旧站的支线铁路，因为身负"中国最后一段寸轨铁路"的传奇身份而被世人铭记。

作为原个碧石铁路的险峻区段，鸡个线北低南高，自鸡街站出发后便一路盘展上行。为了在短短 34 公里的线路上克服近 500 米的高度差，

全线充分发挥寸轨铁路的选线优势，连续采用 30‰ 的最大坡度和 60 米的最小曲线半径，并且在许多路段曲线、隧道和大坡道综合利用，尽一切办法通过艰险路段。据说当年列车通过曲线隧道时，驶出隧道出口回头张望，还能清楚地看到隧道入口冒出的滚滚浓烟。由于坡大弯

上：被厚厚尘土覆盖的鸡街寸轨车库里，仅存的几辆寸轨车皮也成了寸轨铁路不多的记忆。

下：鸡街站是米轨与寸轨最后的换乘车站。

今日的个旧站虽容貌未变，却早已不
再承担车站原本迎来送往的任务。

历史上的个旧站。车站站房至今并无太大变化。
（资料图）

如今金湖畔的铁路镶入了人行步道，成为了湖边一景。

当年个旧金湖畔运行的寸轨列车。
（资料图）

多，再加上机车功率小、设备故障多，因此虽然这段铁路的设计时速为25公里，但列车实际运行时速只有10公里左右，从鸡街到个旧全程要耗时3至4个小时。当时人们诙谐地形容"滇越铁路火车没有汽车快，个碧石铁路走路也比乘车快。就是下去撒泡尿，也能赶来爬上车。"当年乘火车从鸡街去个旧，中途遇到大坡道，机车气喘如牛，车速亦缓慢如牛。甚至有顽皮的小童跳下火车，与列车同步小跑一阵后再爬回车内，反复嬉闹，气得司乘人员大呼小叫。狭窄的车厢里，挑着农副产品，身着民族服装的各地乡民时而相互问候聊天，时而又都被隧道里的煤烟熏得大声咳嗽。几个小时的旅程虽然漫长，但又充满了温暖而真实的生活气息和人情味道。

1970年个碧石铁路蒙宝段扩轨改造后，云南省政府和昆明铁路局曾对鸡个线扩轨改造和展筑新线的方案进行了深入研究和对比。遗憾的是，该路段路基桥涵都按寸轨标准设计，先天不足难以扩轨改造，而建设新线又成本太高。改造工程的长期搁置，让鸡个线成为了中国最后运营的寸轨铁路。由于设备严重老化，1988年，寸轨铁路客运停办，1990年，货物运输亦停止办理。

时光飞逝，当年的鸡个铁路早已物是人非。个旧城中，金湖畔的铁轨镶入了人行步道，曾经的火车站变成了烧烤城、夜总会。山间谷地，埋没在荒草中的寸轨铁路成了老乡们放牧的最佳场所。2008年6月，昆明铁路局拆除鸡个线全部钢轨。自此，鸡个线消失，成为人们心中永恒的记忆。

滇南大山的纽带

在鸡街告别了业已消失的鸡个铁路，个碧石铁路也离开蒙自平坝，一路向西，沿沙甸河而下，进入山谷丘陵之中。在经石崖寨附近的海拔最低点后，铁路转而沿临安河而上进入峡谷地段。此处人烟稀少，道路不通。铁路沿途悬岩陡壁，抬头一线天，简直就是缩微版的滇越铁路南盘江峡谷。在麻栗坡附近，铁路迂回展线，盘山而行。复杂的地形造就了优美的景观，著名的建水燕子洞便隐于其间。虽然此段线路沿途地形复杂，建设难度极大，但由于个碧石铁路分段建设，技术人员汲取了此前技术标准过低，施工质量不高的教训，采用了米轨技术标准，并提高了建设质量，因此这段铁路在停运前一直运行良好。

下：湮没荒草中的鸡个线拱桥。

131

在经过面甸至五里冲翻越垭口后，个碧石铁路一路下坡，直抵建水平坝。建水旧称"临安"，是云南著名的文化古城之一，自元代以来便是滇南政治、军事、经济和文化中心。由于历史上这里文风盛行，这里自古便有"文献名邦"、"滇南邹鲁"之誉，规模仅次于曲阜孔庙的建水文庙也成为建水百余处文物古迹的代表。此外，朝阳楼、双龙桥、指林寺等皆为滇南名景。经过此处的个碧石铁路，

自然地融入了这里的人文景观之中。在一片风格独特的民房间，临安车站这座中西合璧式的楼房虽极具特色，但绝无突兀之感。在城外的双龙桥附近，铁路沿古桥旁的水面而行，不同时代的交通汇集于此，又都走入历史的长河，让人无比感慨。

出建水，铁路继续西行。在经过乡会桥、坝心镇后，个碧石铁路抵达了全线最为精彩的异龙湖段。总

石屏至宝秀段铁路的停运，石屏在很长时间内又重新成为米轨西线的终点。今天，石屏车站那座法式风格的两层站房完好如初，仍可正常使用。车站里，当年栽植的棕榈树早已成材，给滇南坝子中的车站增添了一丝南国之风。事实上，包括石屏、建水站在内，个碧石铁路沿途所有车站无论大小，都经过了精心的设计，每座站房都足能称之为艺术珍品。虽然铁路由中国乡绅投资，但车站的设计还是以聘请法国工程师为主，添之以中国元素，形成了独特的建筑风格。可惜的是，近几年由于运量下降，部分中间车站相继拆除，很多精美的小站都已被夷为平地。随着新建玉蒙铁路的全线通车，个碧石铁路上的列车已经停运。未来整个滇南地区米轨铁路网将何去何从都未可知。我们只能真心期盼这些代表云南近代历史，给近代云南文明吹来清新之风的车站与线路，能够通过不同的方式加以保护，让后人也能欣赏到这独具魅力的铁道风景线。

右：石屏站法式风格的两层站房完好如初，极具艺术价值。

面积达 92 平方公里的异龙湖是云南省八大淡水湖之一，湖边良田千顷，四下花木葱茏，是石屏县著名的旅游胜地。个碧石铁路沿湖水北岸而行，傍水依山，景色迷人。若登高而望，款款而来的列车仿佛畅行大海之滨，全无云贵高原的气势，反而透着一丝江南水乡的柔美与俊秀。

在傍行异龙湖 10 余公里后，个碧石铁路抵达终点石屏。由于前些年

个碧石铁路途经的建水双龙桥是著名的历史文物，记录着中华文化在西南边陲曾经的辉煌。

随着个碧石铁路全线停运，石屏站的喧嚣人声也已成旧梦。

驶过夕阳的个碧石铁路列车。不知他们的
未来将何去何从。

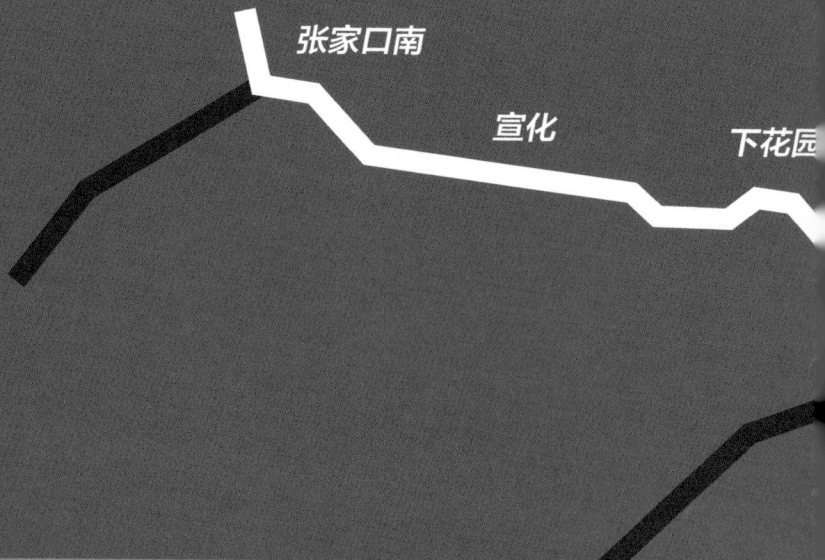

延庆

八达岭

青龙桥

沙城

南口

北京

中国铁道风景线

京张铁路

京张铁路留给世人一道铁路牵手长城的完美风景。

花海中京张线列车。

中国铁路事业的先驱——詹天佑先生主持修建的京张铁路，在中国可谓家喻户晓。她起自首都北京，经京郊昌平、南口，沿四十里关沟一路而上，过居庸关，穿八达岭，跨妫水河大桥；在河北省怀来县沙城镇与丰沙铁路相接后，沿永定河支流洋河向西北方向而行，经新保安、下花园、宣化，终到塞北名城张家口，全长约 200 公里。此后，在历经数次展筑后，京张铁路最终延伸至内蒙古包头，成为京包铁路的一部分。作为中国人自主修建的第一条干线铁路，詹天佑先生的这条传世之作至今仍是世界著名的铁路工程。它诉说着历史，也留给世人一道铁路与万里长城完美结合的风景。

● 北京北

● 清华园

● 南口

● 青龙桥

● 八达岭

● 康庄

● 下花园

● 宣化

● 张家口

自强之路

19 世纪末，殖民列强之间对中国铁路路权的争夺日趋激烈，当时中国铁路的修筑权和运营权，几乎全被各国侵略者把持。作为北京通往蒙古草原乃至北接俄罗斯的交通要冲，张家口理当成为通向西北铁路的枢纽，因此修建京张铁路的呼声开始在朝野传出。闻听此讯，觊觎中国的西北边陲已久的英俄两国，马上开始为争夺京张铁路修筑权而厮打不休，并轮番向清政府施加压力甚至武力威胁。此时，铁路的重要意义也愈发被清政府中以袁世凯为代表的开明大臣所接受。为了平衡英俄列强，袁世凯主持了有关的外交谈判，最终三方决定，由清政府自筹资金，并完全由中国工程技术人员自主修筑京张铁路。1905年，清廷批准开办京张铁路，袁世凯保荐陈昭常为总办，詹天佑为会办兼总工程司（即总工程师），开始筹备筑路事宜。

修建计划既出，詹天佑立刻亲率工程队勘测定线，并提出了三套修筑方案。根据史料记载，詹天佑首选的方案是自北京城向西，经石景山、三家店，沿永定河向上出燕山山脉至沙城，再达张家口的方案。此线沿永定河谷峭壁迂回而行，坡度较缓，建成后铁路的运输能力也比较大。但由于永定河谷峭壁嶙峋，山高谷深，需开凿大量隧道并架设多座长大桥梁，不仅工期长耗资高，同时以当时中国自身的筑路水平来说，尚存在较大困难。因此詹天佑将比选重点改在自西直门至南口，经关沟，沿古驿道而上，过居庸关，穿八达岭后至沙城和经昌平、明十三陵、德胜口、延庆至沙城的两套方案间。

经反复勘测比较，权衡再三，最终詹天佑选定前者。虽关沟路段地势险峻，但越岭路段只有20公里，建设难度远低于穿越永定河谷近百公里的陡峭峡谷；与德胜口方案相比，这一方案线路走向顺直，建设里程和运营费用都相对较低。对于关沟路段的陡坡问题，詹天佑计划通过采取"人"字型展线和使用大功率机车作为牵引动力来解决。

在经过精心勘测和准备后，1905年10月2日，京张铁路开工建设。詹天佑以惊人的毅力和创新精神，带领中国工程技术人员，精心组织，因地制宜，周密策划，排除困难，加速工程进展。1906年9月，北京至南口段通车；1908年9

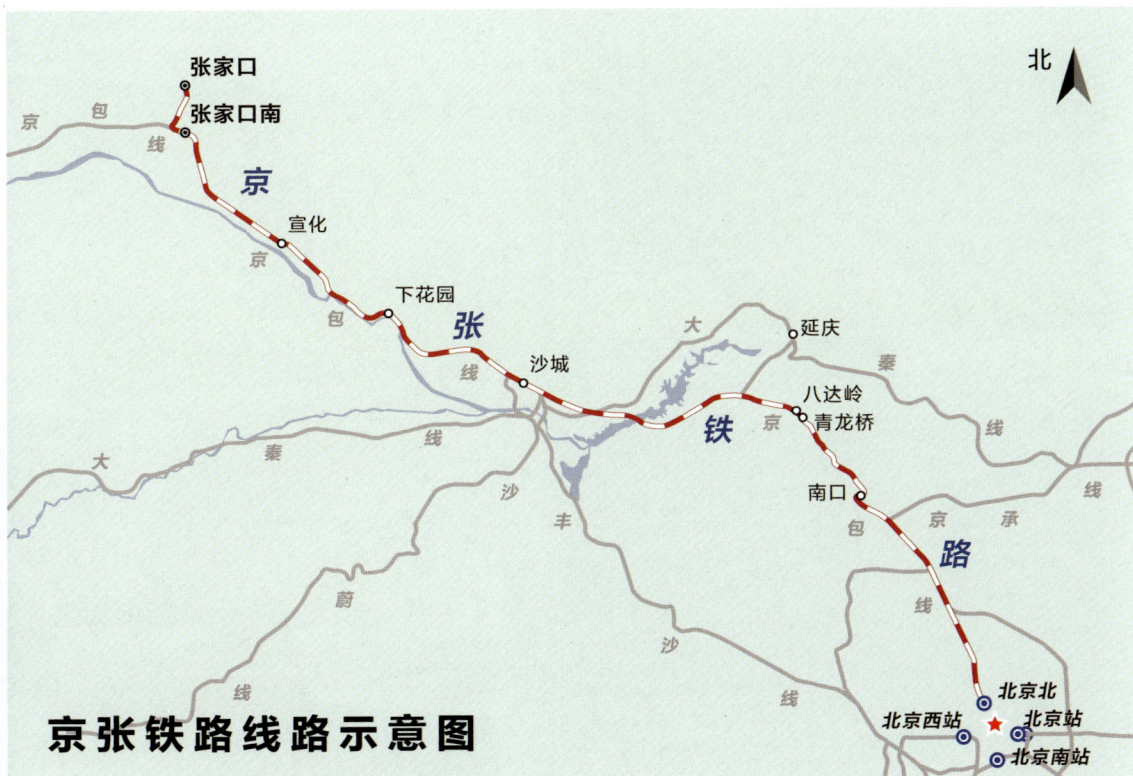

京张铁路线路示意图

京包铁路

张家口

张家口南

京

京包铁路

下花园

张

北

P180　张家口车站

P176　妫水大桥

沙蔚铁路

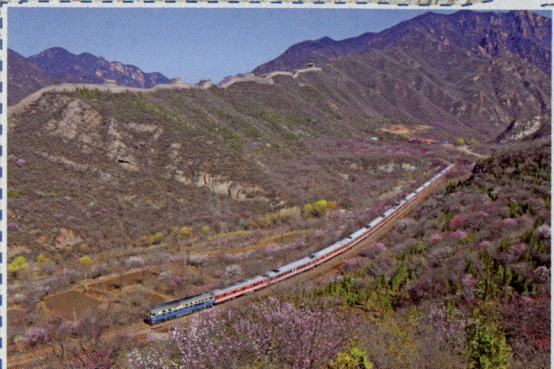

P158　居庸关

P149　北京北

京张铁路线路详图

青龙桥

P152　　　　　　　南口

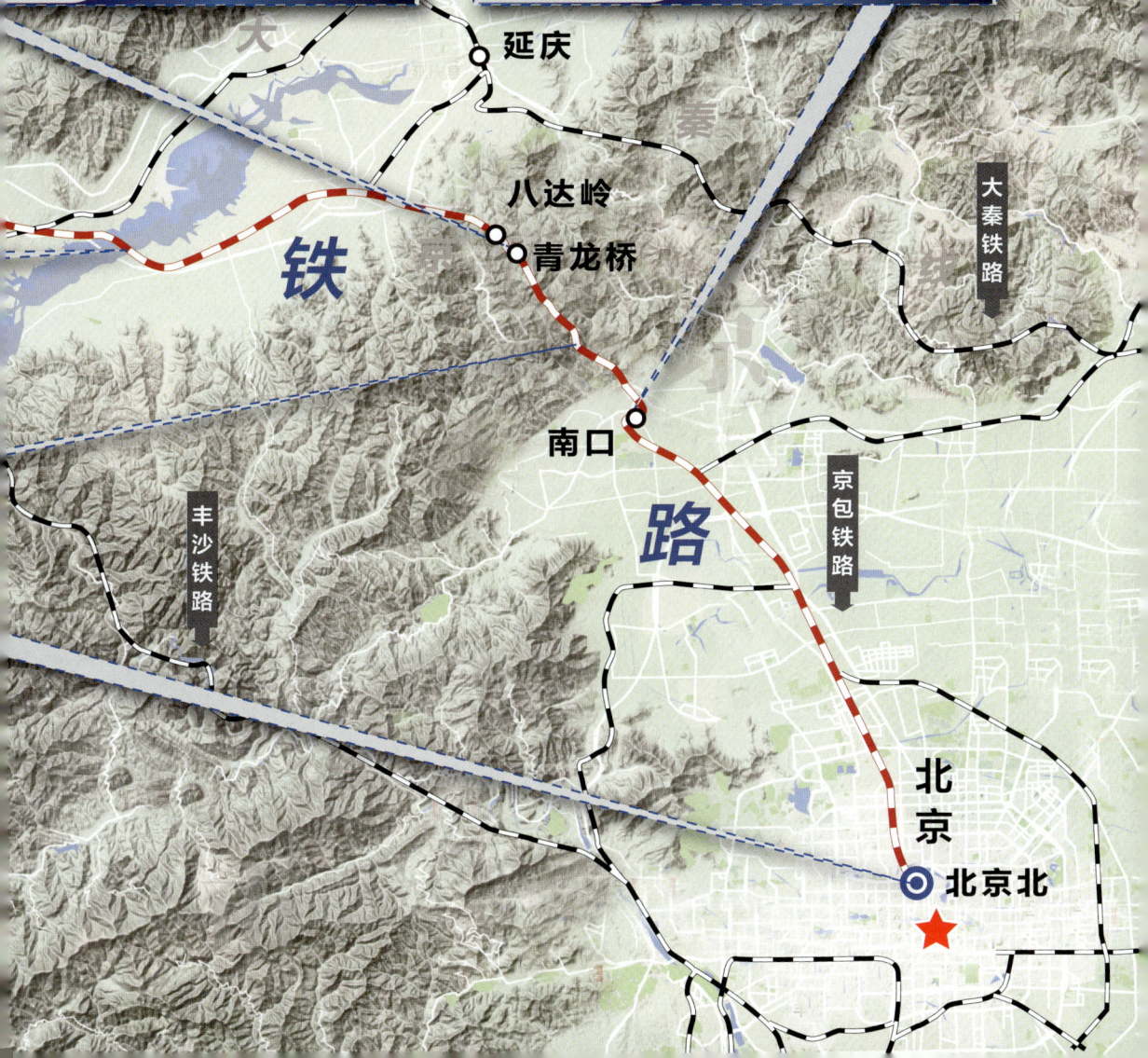

延庆

八达岭

青龙桥

南口

大秦铁路

京包铁路

丰沙铁路

铁

京

路

北京

北京北

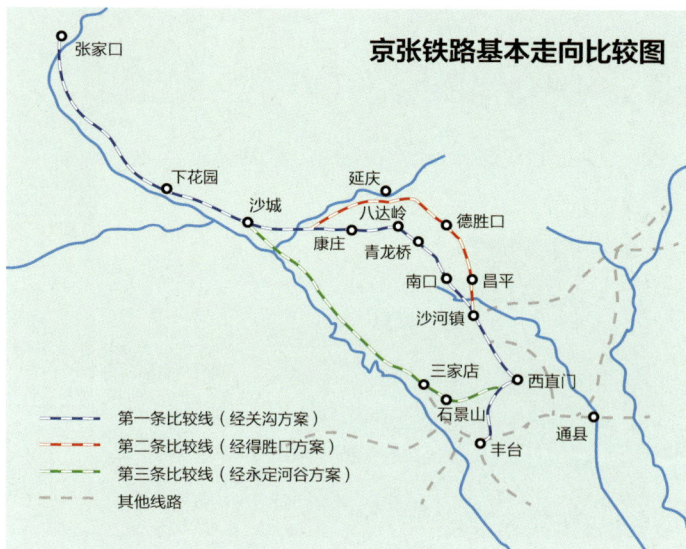

京张铁路基本走向比较图

张家口

下花园

沙城

延庆

八达岭　德胜口

康庄　青龙桥

南口　昌平

沙河镇

三家店　西直门

石景山

丰台　通县

- — — 第一条比较线（经关沟方案）
- — — 第二条比较线（经得胜口方案）
- — — 第三条比较线（经永定河谷方案）
- — — 其他线路

月，最为艰难的关沟段线路建成；1909 年 4 月火车通到下花园；1909 年 8 月通至张家口，10 月 2 日全线通车。京张铁路全线施工时间比原定缩短了两年；而建造成本亦比原来预算节省了 35 万两白银。

京张铁路的通车立即带来了巨大的社会效益和经济效益，并因此很快开始了继续向西北延伸的工程。1921 年 5 月，张家口至绥远路段通车，1923 年，铁路延伸到包头。新中国成立后，由于京张铁

建设中的八达岭隧道。（资料图）

京张铁路通车典礼。（资料图）

路关沟段坡度太大，无法满足客货运输增长的需要，因此修筑新线的计划提上议事日程。1955年，丰台和沙城间的丰沙铁路建成通车，这条线路便是当年詹天佑认为条件最好但又被迫放弃的永定河谷线路。丰沙铁路通车后，绝大多数往来于北京与西北间的列车都改道于此，原有京张铁路关沟段则日趋没落，但也恰恰如此，京张铁路最精华的线路至今仍几乎完整保存了当年的风貌，成为历史与风光完美结合的景观大道。

建设中的京张铁路铺设安全线。（资料图）

京张铁路开通时使用的马莱特机车。（资料图）

京张起点

西直门火车站，也就是现在的北京北站，通常被认为是京张铁路的起点。今天，经由老京张铁路前往张家口方向的火车和去往八达岭和延庆方向的S2线市郊列车都从这里出发。不过，很少有人知道，其实京张铁路真正起点却是在位于北京城南边丰台附近的柳村。京张铁路自柳村出岔，经广安门、阜成门至西直门，并与后来修建的西直门至东便门铁路共同构成了北京环城铁路。同时，西直门至门头沟还修建有运输京西煤炭的京门支线。

新中国成立后，由于铁路横穿长安街，被认为对交通和城市发展都存在影响，因此京张铁路广安门至西直门段与环城铁路西直门至东便门段、京门铁路西直门至五路段都相继被拆除，京张铁路的起点也缩至西直门火车站。不过时至今日，京张铁路的0公里标依然安置在柳村线路所，而原有西直门至广安门段则变成了京九铁路的一部分。百年岁月，铁路的变化似乎也有些沧海桑田般的感觉。

1988年，西直门站改名北京北站。这座当年衔接京张铁路、北

左：京张铁路起点。左侧是丰台去往西直门方向的京张铁路，右侧是丰台经马家堡去往东便门方向的京奉（天）铁路。（资料图）

右上：1919年的北京环城铁路。

右中：西直门火车站旧照。（资料图）

右下：西直门站老站房至今保存完整，"平绥铁路西直门车站"——这一民国时期的称谓至今仍镌刻在连廊上方。

京环城铁路和京门支线的枢纽车站随着其东、西、南三向铁路的拆除，成为了深入城市的"孤家寡人"。但在近百年的岁月中，由当年詹天佑亲自设计的西直门站站场布局和站房主体几乎毫无改变。采用西方古典风格的站房简朴但不失典雅，朝向站台的一侧采用连廊布局，"平绥铁路西直门车站"——这一民国时期的称谓至今仍镌刻在连廊上方。横跨车站股道的天桥亦是当年原物，进口自英国的优质钢材至今仍坚固如初。除此之外，车站周围修建的机车库、员工宿舍等附属设施，至今也仍能找到昔日的痕迹。

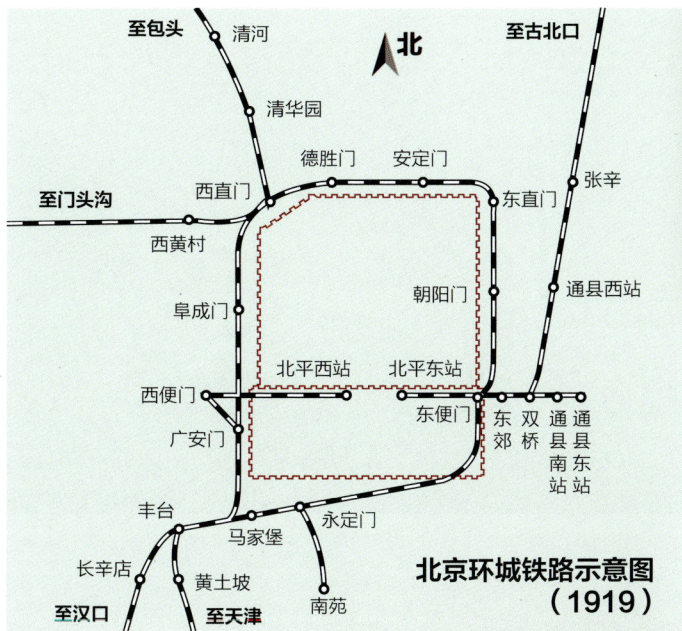

北京环城铁路示意图
（1919）

左上：2005 年改造前的北京北站。

左下：俯瞰改造后的北京北站。

右上：当年的跨线天桥依旧矗立，已成文物加以保护。

右下：曾经的清华园老站，隐没于清华大学南门外。

由于站房面积和候车环境逐渐无法适应铁路发展需要，加之老车站远离公共交通枢纽，给乘客出行带来诸多不便。2005 年，北京北站改造工程动工。工程包括新建大型候车厅、无站台柱雨棚、地下换乘通道和高站台改造等。在改造过程中，车站老站房和天桥因为具有相当高的文物价值，因此均加以妥善保护。2009 年，车站改造工程全部竣工，虽然百年老站又一次焕发了青春，但以往的那种历史沧桑感，却似乎被冲淡了不少。

"失落"的清华园

出西直门，京张铁路一路向北，在高楼间穿行不久，便到达清华园站。说起清华园站，了解它的人可能不多，但紧邻车站的清华大学却声名远扬。史料记载，"清华园"地名来自明朝万历皇帝外祖父在这里所建的一处园林，取"水木清华"之意名曰"清华园"。1910 年，清华园火车站建成；1911 年，清华大学建立，二者皆取"清华"为名。

当年的清华园站设计和京张铁路所有的中间站相似,站房采用对称式的三拱门结构,规模虽小,但候车室、售票处、贵宾室和货运仓库等一应俱全。值得一提的是,1949 年 3 月 25 日清晨,中共中央领导人毛泽东、周恩来、刘少奇等由西柏坡迁至北平,从河北涿县乘坐铁路专列进京。因当时前门车站一带特务猖獗,专列的终点选定在了清华园站。小站也因毛主席留下了迈出建都开国的第一步而永载史册。

上：关沟出山的旅客列车行驶在南口大弯道上。

然而，上世纪50年代末，为了配合清华大学扩建，京张铁路清华园段线路改建，向东挪移800米，并另建新清华园站。断开了与铁路联系的老清华园站如同一位被遗弃的老人，孤独地隐没在不为人知的角落中。今天，当年那座由詹天佑设计的车站屈就于清华大学南门外的高楼间。时隔百年，青砖砌成的老建筑几乎依旧保持着建成时的原貌，虽几经风雨，却更显古朴。当年作为贵宾室和办公室的站房北侧部分已被拆毁，其余部分则改为民居被几户居民分住。只有站房端墙上，刻入墙体的"清华园车站"五个大字与高高匾额上遒劲有力的"清华园车站、宣统二年冬季詹天佑书"几行大字依然清晰，向过往的人们展示着这里曾经的辉煌。

南口情结

出清华园，京张铁路继续北上，昔日铁路通车时那一望无际的的原野风景早已不再，如今，连绵不绝的楼宇充斥两侧窗外。经五道口，过清河站，直至北京北环铁路向东岔出，京张铁路两旁才多少出现一丝乡野的风光。

京张铁路在以两座沙河大桥跨越南北沙河后，京郊西北的群山已是清晰可见。在昌平站，解放后修建的京通铁路从此岔出，折向东北而去，京张铁路则朝向西北径直奔向崇山峻岭。就在雄伟山脉触手可及之时，京张铁路突然向东拐了一个超过90度的大弯，原本朝向西北的铁路一下子转向了正东，这里

京张之路 —— 夕阳下的南口火车站西咽喉。隐匿在南口城区中⋯⋯

建成初期的南口机务段。（资料图）

今日南口机务段。当年的机车房依旧如初。

便是京张铁路出北京城之后的第一个大站——南口。

南口位于昌平县城西北不远，地处关沟最南端，因"关沟南口"而得名，亦称"居庸关南口"。南口因其北依太行，南望京师，扼关沟天险，自古便是兵家必争之地。相传，北宋时期杨家将就于此大战契丹。而金末、元末和明末，成吉思汗、朱元璋与李自成，也都曾自此攻入北京。时至今日，车站北侧的民房间还能寻到当年南口关城的遗迹。

虽历史显赫，但自清王朝由关外入主中原后，因蒙古各部政治安定，南口屏卫京师的军事意义逐渐降低。直到1906年詹天佑修筑京张铁路时，这个沉寂了许久的要塞才又重新喧嚣起来。

由于京张铁路即将进入的关沟区段坡大弯急，因此平原地区只需一台机车牵引的列车，在这里则需要两台机车一推一拉才能爬坡上山。同样，下山的列车也需要两台机车一起合作，方能保证不会因为坡度大刹不住车而造成事故。自1909年京张铁路建成通车以来，直至2008年北京市郊铁路S2线动车组上线运营之前，所有南来北往的列车——无论是站站停的绿皮慢车，还是跨国出境的国际列车，只要编组超过7节，都必须要在南口站为列车加挂或摘挂补机。这一场景近百年始终未变，小小的南口也因此成了京张铁路上"凡车必停"的大站。围绕着南口车站，机务段、机车修理厂、铁路职工宿舍、铁路医院、铁路学校纷纷建立并延续到了今天。小小的南口镇也因几代铁路人的耕耘，告别了昔日浓厚的军事色彩，结下了浓浓的铁路情结。

初入关沟

离开南口，京张铁路又向西北方向拐了一个90度的大弯，一头扎入大山的怀抱。从这里开始到八达岭，便是京张铁路全线最精彩的关沟路段了。这条长约20公里，有"四十里关沟"之称的山谷是古代太行八陉之一"军都陉"的所在地，也是太行山与燕山两大山脉天然的地理分界线。关沟之内，两山夹峙，一水旁流，风光无限。由于关沟北口的八达岭隘口是北京出城跨越西北群山最为便捷的隘口，因此关沟自古便是沟通京师与塞外最重要的通道。为了拱卫京师，历代王朝都在这里修筑关城要塞。关沟之名由此而来，并名扬天下。

铁路一进入关沟，两侧陡然而起的雄峰就让所有人激动不已。若仔细观察，沟口两侧的山腰上，两座烽火台隔空而望，如两尊门神扼守居庸南口。从这里开始，迤逦而上的铁路、蜿蜒崎岖的长城、层峦叠嶂的山岭、四季变幻的山林，多种元素将共同构筑一道自然景观与人文景观交相辉映的风景线。

上：居庸关关城最高处远眺关沟南口。京张铁路如长蛇般蜿蜒在山谷中，远方的京城也依稀可辨。

进入关沟不久，京张铁路在臭泥坑村附近跨过关沟河，开始沿河谷东岸一路攀援而上，这时远方山谷里依山而建的居庸关长城已清晰可见。山谷的另一侧，八达岭高速公路与京张铁路隔河相望。由于弯急坡陡，列车在这里的运行时速不超过45公里。一边是高速公路上穿梭不止的车流，一边是京张铁路上缓缓而行的列车，在交通日趋便利的今天，这种鲜明的对比似乎也在诠释着交通技术的发展。而相比高速公路上匆匆而过的汽车，京张铁路上的火车就仿佛穿越了时空，缓慢但悠然地超脱于世外。

● 居庸雄关

出东园站向北，居庸关关城由远及近，收拢的山谷使得两旁的山峰更显巍峨，京张铁路也进入了坡度超过30‰的高坡路段。每当列车行进至此，前后两台机车都用足了马力，"突突突"的柴油机响飘进车内，与乘客瞥见居庸关长城后的惊喜叫声混杂，这道独特的风景也成为许多人难忘的旅行记忆。

据传，居庸关之名始自秦代，因始皇帝修筑长城时，将囚犯、士卒和强征来的民夫徙居于此，取"徙

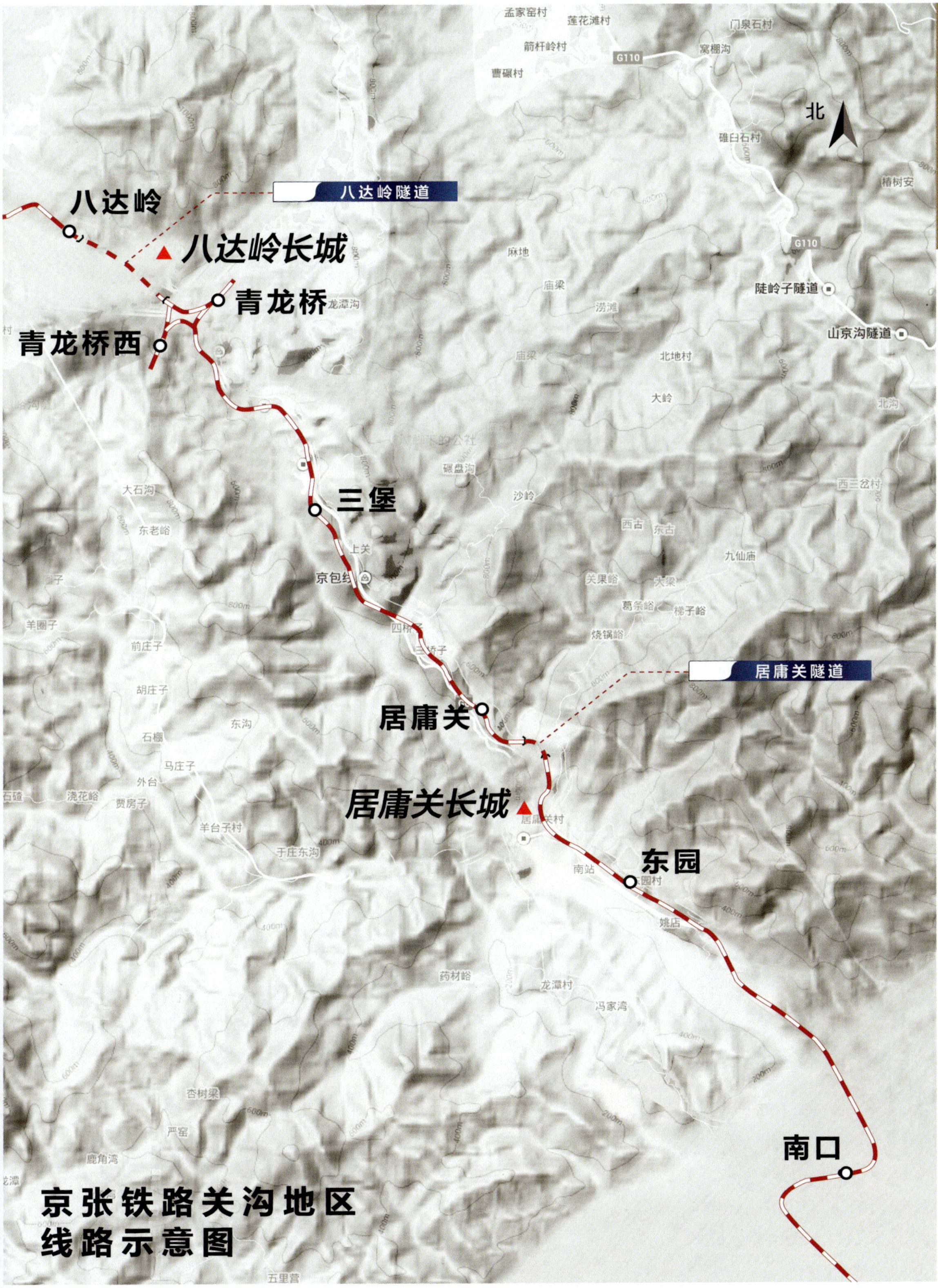

北

八达岭

八达岭隧道

▲ 八达岭长城

青龙桥

青龙桥西

陇岭子隧道

山京沟隧道

三堡

居庸关隧道

居庸关

居庸关长城

东园

南口

京张铁路关沟地区
线路示意图

孟家窑村　莲花滩村　门泉石村
箭杆岭村　　　　寨棚沟
曹碾村　　G110
　　　　　　　　　楂树安

麻地　　　　　G110

庙梁　　　　　　礁臼石村

涝滩

庙梁　　北地村

大岭　　　　　北沟

碾盘沟　　　西三岔村

沙岭

大石沟　　　上关　　西古　东古
东老峪　　　　　　　九仙庙
　　　京包线　　　　关果峪　天梁
　　　　　　　　葛条峪　楼子峪
羊园子　　　四桥子　烧锅峪
前庄子　　三桥子
胡庄子　　东沟
石栈
马庄子
石碴　　外台
　　　　澆花峪
　　　羊台子村
　　　　　于庄东沟
　　　　　　　　　南站
　　　　　　　　　　园村　姚店

药材峪
杏树梁　　龙潭村　　冯家洼
严窑
鹿角湾

五里营

2007 年 4 月 18 日中国铁路第六次大提速后，原先经由京张铁路，往返北京与乌兰巴托、莫斯科间的国际列车改经丰沙铁路运行。图为最后一列经由关沟北上国际列车驶过居庸关。

上：北京 S2 线的和谐长城号列车驶过居庸关城楼。

居庸徒"之意而得名。至明初，为防备蒙古铁骑卷土重来，明太祖朱元璋派遣大将军徐达重建居庸关，将其建成拥有水陆两道关门、18 座烽燧相连的综合防御体系，号称"天下第一雄关"。而关城两侧清流萦绕，翠峰重叠，花木郁茂，山鸟争鸣。绮丽的风景，亦使这里拥有了"居庸叠翠"之美名，位列燕京八景之一。

与穿关城而过的古驿道和八达岭高速公路不同，京张铁路在居庸关关城脚下画出一个巨大的弯道，建拱桥、跨深涧，绕开居庸关关城，在城东山下穿隧而过。据城中百姓流传，如此选线是因当年詹公不忍京张铁路穿城而过以至于拆毁房屋，影响穷苦山民的生计，因而才选择绕行关城东山，开凿隧道而行。从传说中固然可见詹公在民间崇高的声望，不过事实上京张铁路迂回居庸关东侧山谷而行的主要目的却并非于此。京张铁路如此选线是为了人工延展铁路里程，以减缓线路坡度，克服剧烈抬升的地势所带来的影响。经过一段陡坡爬行，在居庸关南还与溪水并行的铁路，出隧道至居庸关站时已位于谷底山涧百丈之上。至四桥子附近，周遭苍翠的山林被嶙峋的巨石取代，山谷西侧上关长城的遗迹也已经能依稀可辨。

157

每到春季，关沟野生山桃花山杏花盛开，整个山岭都被染成一片紫红色，分外艳丽。图中通辽至呼和浩特的 1455 次列车由两台机车前拉后推，奋力行驶在居庸关长城脚下。

刚刚建成通车的五桂头隧道。
（资料图）

抗战时期被洪水冲毁的五桂头隧道至今保存着当年的模样。

坐在行进的列车上，不时可以望见座座废弃的隧道。这其中，三堡站北侧的五桂头隧道是最让人印象深刻的。五桂头隧道所处之地名曰弹琴峡，因山势狭窄，泉水从岩缝中流出，湍急相击间潺潺有金石之声，其音若琴，故得其名。但与这个颇有诗意的名字不相称的是，这里曾经是整个关沟峡谷驿道中最为险要的路段，商旅之人通行于此无不骇然。直到京张铁路通车，这段险境才变为通途，来往的旅人们才有心情去一睹那美丽的景色和畅听那悦耳的泉水之声。

当年，詹天佑先生在关沟路段共设计修建了居庸关、五桂头、石佛寺和八达岭4座隧道，虽长短不同，但衬砌外观风格统一，不仅体现了工程的细致，也形成一道景观。抗日战争时期，京张铁路被日寇占领，日军为提高运力，扩建青龙桥站，结果开挖的土石堵塞水道，在1939夏引发山洪。爆发的山洪夹带土石而下，京张铁路自青龙桥至南口间的桥隧因此严重损毁，京张铁路关沟被迫改线达10余公里，最大坡度也由33‰提高到35‰，受损最严重的五桂头和石佛寺两座隧道甚至被废弃。新中国成立后，京张铁路关沟段修建复线，线路又有部分移改，但五桂头隧道和石佛寺隧道仍未被修复。如今，湮没荒草中的两座隧道仍完好地保存着当年的外观和样式，而隧道内因洪水冲出的深沟则将当年的历史永远定格。

关沟之秋

在居庸关长城上向下俯瞰，京张铁路上的和谐长城号列车即将驶入居庸关隧道。

和谐长城号奋力登山。

京张铁路关沟段两台机车推挽运行的状态几乎百年未变。

上：建成初期的青龙桥"人"字线。（资料图）

右中：建成初期的青龙桥车站尽头。（资料图）

右下：今日青龙桥站依旧原封不动地保持着建成初期的样式。

青龙桥传奇

过弹琴峡，穿石佛寺，自八达岭迤逦而来的水关长城出现在京张铁路的东侧的山坡上。由抗倭名将戚继光督建的水关长城距今已有四百余年历史，其自八达岭长城而出，顺关沟峡谷东侧山脊应山势而行，至石佛寺后绵延向东，其形似鲲鹏展翅欲飞。因其箭楼兼具水门功效，故名水关长城。因水关长城沿关沟而建，故从石佛寺到青龙桥，铁路在谷底，长城在山巅，二者一路相伴而行。若登高而望，春看山花烂漫，夏览草木葱茏，秋观漫山红叶，冬赏苍龙卧雪，依崔嵬山势而建的长城与蜿蜒崎岖的铁路完美相应，实可谓拍摄铁路与长城结合画面的最佳场所。

从水关长城继续前行不远，京张铁路便抵达了关沟路段的终点站——青龙桥站。这是一个许多人自小学课本便已熟知的车站，而坐落在这里的"人字形"铁路也已成为京张铁路的名片。

1905 年 5 月，詹天佑在决定将路线选定为关沟段之后，便于同年 8 月 4 日亲自前往青龙桥再次勘测线路。在他 8 月 4 日的日记中，提到"……我们决定将原测线路稍加延长，使路线升高到于第 117 测站相同的高度。用此办法，可使八达岭山洞的长度从 6000 英尺缩短到 3000 英尺。按照上述情况，立标桩标出一条新路线，由原测线路走进经过黄土岭的路线的入口，然后再退出，走向原测路线去往八达岭"。

客观的来说，关沟段采用"人"字线，是詹天佑在当时的条件下采取的一个权宜之计。这种设计虽然解决了关沟段的线路坡度问题，并使八达岭隧道的长度较初测时缩短了近一半，得以节省工时和工料。但这种折返式展线大大降低了铁路的运行效率，使得这里成为京张铁路的瓶颈区段。在铁路通车后，詹天佑自己也意识到了其存在的弊端和局限性。他于1909年担任商办川汉铁路总工程师，勘测设计宜（昌）——（秭）归段铁路的时候，就在9月15日给副总工程师颜德庆的信中明确指示"不要采用南口关沟段那样的线路"。新中国成立后，京张铁路关沟段增建复线，青龙桥站西侧的山沟中修建了一座相同的"人"字线并新建青龙桥西站，上下行列车终于做到了分线运行，这里的运输效率才有了显著提高。

今天的青龙桥车站依旧保持着建成时的原貌，中西合璧的站房，西式的百叶窗棂之上是中式的女儿墙，雕着中式太极图案的屋顶开着西式的老虎窗，不同文化融合在小小的站房间。虽然不远外便是人声鼎沸的八达岭长城，但质朴的小站却恍若与世隔绝的世外桃源，始终保持着安详与寂静。已经不再办理客运的候车大厅，化身为小小的博物馆，不仅图文并茂地介绍着小站的历史和荣耀，还收藏着当年的道

岔、油灯、调车设备等文物。车站外，立于1919年的詹公铜像和詹公的陵寝，一同永远守望着南来北往的列车。

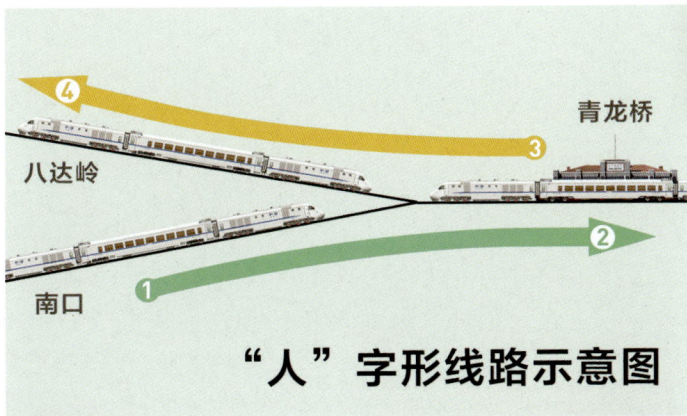

"人"字形线路示意图

165

站在长城之巅俯瞰青龙桥站。铁路穿长城而过。远方的八达岭长城宛若龙脉，蜿蜒在军都山上。

和谐长城号停靠在青龙桥西站。身后远方山岭上便是八达岭长城。

人间四月芳菲尽，山寺桃花始盛开。位于京张铁路最高点附近的青龙桥站往往临近五一才山花盛开，春色比京城迟来一月有余。

从青龙桥西站折返登山的列车驶向隧道。

四季青龙桥。

171

上：下山列车驶出八达岭隧道。图中左侧线路通往青龙桥西站，右侧线路则连接青龙桥站，供上下山的列车分别使用。

穿越八达岭

京张铁路的上下行线路自青龙桥站与青龙桥西站分别折返而上，在八达岭隧道前汇为一股，钻入了全线最长的隧道——八达岭隧道之中。

单看长度，与今天动辄十几公里，甚至几十公里的长大隧道相比，全长1091米的八达岭隧道似乎毫不起眼。但作为全线唯一的越岭隧道和整条线路的控制工程，八达岭隧道在那个时代却是一项难度极大的挑战。即便在巧妙利用"人字型"铁路提升线路高程后，在当时由国人自己修建长度超过1000米的隧道仍是一项不可想象的任务。

京张铁路筹建和建设之初，西方列强对中国自主开凿八达岭隧道的决定始终抱有不相信甚至期望看笑话的态度。在工程开始后，由于工程技术力量有限，在开凿八达岭隧道的工程中确实出现了许多困难。1906年4月，日本人雨宫敬次郎上书袁世凯，建议"用机器钻洞，以代人力，并聘请日本机师指授一切。"而对詹天佑有知遇之恩的英国铁路工程师、清政府著名的"客卿"克劳德·威廉·金达也多次建议詹天佑，"不应仅为了民族感情而影响作为一个工程师的科学态度"，并劝说他哪怕仅仅是雇佣外国承包商。詹天佑顶住了来自各方的压力，率领中国工程技术人员与工人通力合作，以人工打眼开凿八达岭隧道，为中国人自主修筑长大隧道之始。

起先，八达岭隧道从两头分别开挖。在隧道施工过程中，部分地段石质异常疏松。詹天佑将开挖和衬砌穿插进行，避免了隧道修建过程中的坍塌。由于当时机械化水平低，仅有的两个工作面都采用人力打眼开凿，进度缓慢。为保证工期，詹天佑决定在隧道所经山顶处开凿一个竖井，将隧道分为2段，4个工作面同时开挖，效率几乎提高了一倍，时称"中距凿冲法"。通车后，在竖井顶口设置通风楼，方便行车时的通风和排烟，一举两得。

1908年5月22日，经过近两年的艰苦施工，八达岭隧道终于贯通，铁路也因此第一次铺到了塞外的土地上。在隧道贯通后，金达（时任关内外铁路总工程司）与牛麻治（时任关内外铁路工程司）应詹天佑之邀考察了八达岭隧道，两位铁路工程界的同行对八达岭隧道工程大加赞赏，金达还专门写信给詹天佑，"你已经很经济地完成了十分完善的工作，这要归功于你和部属。（八达岭隧道贯通）意味着你已能解决当前国际铁路工程技术领域里最难的问题了。"

由于作为通向塞外的咽喉，八达岭隧道在日后的岁月里可谓命运多舛，屡遭战争破坏。1937年7月末，"七七事变"后北平失守。为防止日军沿京张铁路进犯张家口，

抗日军队将南口至康庄间铁路破坏，并将机车炸毁堵塞于八达岭隧道内。日军占领京张铁路全线后，将八达岭隧道修复通车。解放战争爆发后，解放军在对敌破袭战中再次将隧道炸毁。1949年初，解放区军民用钢轨拱桥架支托后将八达岭隧道简易复通。直至1968年大修改造后，八达岭隧道才真正恢复元气，并使用至今。如今，铁龙滚滚驶出隧道，跨越长城奔向塞外的壮观景象，也是京张铁路沿线最具有气势的一道风景。

下：远眺八达岭隧道。

● 康庄沧桑

出八达岭隧道，长城被甩至身后，窗外已是塞外的天空。为方便游览八达岭长城游客而建的八达岭站就位于隧道北口。2008 年起，每天十几对"和谐长城号"列车的开行让乘火车游览长城变得方便至极。

离开八达岭站，京张铁路自岔道古城边缘而过，折向正西而行。

关沟的群山渐行渐远，窗外巍峨的山岭一下就被苍茫的塞外风光替代。景观变化的突然，甚至让人有些措手不及。过西拨子，在与去往延庆站的康延支线分道扬镳后，京张铁路抵达塞外第一站——康庄。

曾几何时，作为列车在八达岭岭北摘挂补机的区段站，康庄站也和南口站一样逢车必停。京张铁路的列车在青龙桥西站的"人"字线

机车喷出的蒸汽与煤烟直抵云霄，蔚为壮观。

上：康庄折返段老车库。

随着丰沙铁路的通车，京张铁路上的列车大幅减少，忙碌的康庄站也沉寂了下来。2008 年北京市郊铁路 S2 线通车后，为数不多的几对长途旅客列车也相继调整或停运。如今，每天仅剩北京北往返乌海西、呼和浩特往返满洲里和呼和浩特往返通辽间的三对图定列车还在这里延续着近百年的摘挂加挂补机的例行作业。少了诠释繁忙的喧嚣，偌大的康庄站倍显落寞。

恰因落寞，所以真实。除京张铁路标志性的老站房外，康庄站旁的机务折返段还完好保存着詹天佑设计并主持修建的车库、煤台与水塔。在鲜为人知的塞外小镇，百年京张铁路在这里仍固执地保持着建成时的元素。建筑虽然无言，但历史的沧桑，已经在这里凝固成了诗篇。

折返开出后，从北京出发时位列车头的本务机车成了车尾的补机，南口站在车尾连挂的补机则变身为"龙头"。随着陡峭的关沟路段告一段落，列车尾部的补机在康庄站将解编入库，待回京的列车到达后重新补挂上阵。这一场景几乎百年未变，成为京张铁路的一幅经典画面。在京张铁路最繁忙的上世纪50 年代，每天十几对列车在此停靠摘挂补机；车站里与折返段内，

列车驶过京张铁路新妫水河大桥。旁边便是因病害而被废弃的老桥桥墩。

和谐长城号驶过妫水河大桥。

跨越妫水

出康庄不远，原本东西走向的京张铁路折向西南。此处已离开北京市延庆县的管界，进入河北省怀来县的范围。铁路沿康西草原和官厅水库南缘而进，经东花园后重新折向西北，跨过官厅水库至狼山。事实上，这并非当年京张铁路的最初走向。在建成之初，京张铁路出康庄站后径直向西，跨妫水河（又称怀来河），经昔日怀来县城北侧的怀来站后直奔土木站。当年跨越怀来河的大桥由 7 孔 30.5 米 (100 英尺) 简支上承钢桁梁组成，是全线为数不多的钢桁桥，颇具工业美感。

新中国成立后，为根治永定河水患，水利部门在官厅山峡截流筑坝，修建官厅水库。为此，京张铁路和怀来人民都付出了巨大牺牲：1951 年，京张铁路康庄至狼山段改线开工，经东花园、定州营，选择水库库腰最窄处跨过官厅水库；而拥有近 5 万人口的怀来县城则整体搬迁到沙城镇。水库建成后，老县城和老铁路都沉入水下，成了"失落的文明"。在官厅水库的枯水期，当年京张铁路的部分路基也会浮出水面。拾起一块那时的道砟，似乎仍残存着半个多世纪前的铁锈气味。

1954 年，改线后的妫水河大桥建成，詹天佑时期修建的怀来河大桥同时停用。妫水河大桥由 20 孔 32 米上承式钢板梁组成，全长 663 米，墩身高约 20 米。由于施工时水库尚未蓄水，加之建国初期铁路建设经验不足，大桥建设者未能考虑水库蓄水后，每年冬季水库近 1 米厚冰层对桥墩的影响。加之过密的桥墩阻挡冰凌，1956 年、1967 年和 1970 年，大桥桥墩先后被冰凌挤断 10 个。所幸发现及时，未发生重大行车事故。直到 1995 年，铁路部门在妫水河大桥下游 30 米处，重新修建起一座全长 850 米的妫水河新桥，这一安全隐患才被彻底排除。妫水河新桥主跨采用 5 孔 128 米下承式简支钢桁梁，水中墩高 14.7 米。相比老桥，新桥减少了桥墩数量，并采取更加坚固的墩台基础结构，可以彻底抵御冰害的影响。一条妫水河，三座铁路桥，这一段故事也可以称得上是传奇了！

下：已经沉入官厅水库水底的京张铁路老妫水河大桥。（资料图）

伴行洋河

跨妫水，经狼山，过土木，京张铁路一路西行。在狼山与土木站间，大秦铁路上跨京张铁路。如果是乘坐京张铁路上运行的列车途经此地，时常可以看见大秦线上的2万吨重载列车疾驶而过，其现代与繁忙和老京张铁路的沧桑与落寞也形成了鲜明对比。

在告别了自妫水河畔一路相伴的发电风车群后，京张铁路到达沙城。这座临近永定河上游妫水河、洋河和桑干河的交汇之处，地处官厅山峡北侧的小镇，在京张铁路修建之初并不起眼。1955年，丰沙铁路（丰台至沙城）建成通车，并在沙城与京张铁路接轨，并很快便取代了走行关沟路段的京张铁路，成为北京通往西北的主干铁路。与此同时，被官厅水库淹没的怀来老县城也迁建沙城。一时间，原本不起眼的小镇发展成了一个小型城市。近年来，随着新建的沙蔚地方铁路（沙城至蔚县）接轨于此，沙城作为区域交通枢纽的地位也愈发明显。

与北京北站到沙城段几乎完好保存京张铁路当年的风貌不同，由于丰沙铁路的汇入，早在1957年，沙城以西的京张铁路便完成了复线修建。1984年，作为丰沙大铁路（丰台～沙城～大同）电气化改造工程的一部分，京张铁路沙城至张家口段电气化改造通车。双线电气化，这一铁路当年的"顶级配置"，也

让京张铁路成为名副其实的华北西北大通道。

虽然历经改造，但京张铁路沙城以西路段依旧延续了当年詹公亲手划定的选线和走向。铁路沿永定河支流洋河而上，向西北方向延伸，过新保安，至西八里，直到一座突兀的雄峰出现在窗外，这里便是塞北名峰——鸡鸣山。

于四周平坦河谷拔地而起的鸡

右上：今日老龙背。图片右侧便是当年绕山脊岬角而行的老线路基。

右：货物列车行驶在鸡鸣山脚下。

鸣山是塞北最大的孤峰，如巨人擎天，又如苍穹生柄。鸡鸣山下，鸡鸣古驿完好地保存在京张铁路旁，坐在车中便可一睹古驿的独特风采。百年铁路与千年古驿，同为交通设施，二者相守相望，共同见证着历史的变迁。

过鸡鸣山，至下花园，京张铁路进入继关沟段后又一段险工路段。鸡鸣山至响水铺间，洋河急剧收窄，

张家口车站站房。

张家口站在最后阶段的只有为数不多的几
对慢车停靠，在繁华的城市中倍显落寞。

京张铁路不得不循崎岖之崖壁、沿洋河之险岸蜿蜒而行。特别是老龙背路段，铁路绕洋河之岬角，凿开山岩才勉强通过，线路异常险峻。当年筑路人员沿河边石壁半挖半填，将开凿的石块垫高河床，而后筑成路基。新中国成立后修建复线的过程中，洋河险工终于被彻底整治。新修建的老龙背隧道，绕开洋河岬角，铁路也被裁弯取直。新线两侧虽依旧山势险峻，却早已不复当年车行之险。

张家口老站木质的站牌似乎永远定格着时间。

过老龙背，出响水铺，京张铁路告别最后的险工，沿洋河宽谷一路前行。在途径古城宣化，小站沙岭子后，京张铁路到达了终点——塞北名城张家口。伴随着京张铁路这条交通动脉，张家口的城市也在百年间快速发展，以至于终点张家口站现在已成为深入城市的"孤岛"，仅以一条支线与京包正线上的张家口南站相连。2014 年 7 月 1 日，最后 2 对停靠张家口站的火车缩短至张家口南站，百年老站也终于迎来落幕的一天。不过，正如张家口名胜大境门上"大好河山"的题字，昔日以此为终点的京张铁路早已经大同延伸至呼和浩特、包头、兰州甚至乌鲁木齐，串联起祖国的大好河山。这就是京张铁路，历史与现代交织，冷清与繁忙辉映。串联风景，遗产百年。

张家口老站当年的题字依旧清晰。

拉萨　○　那曲　安多

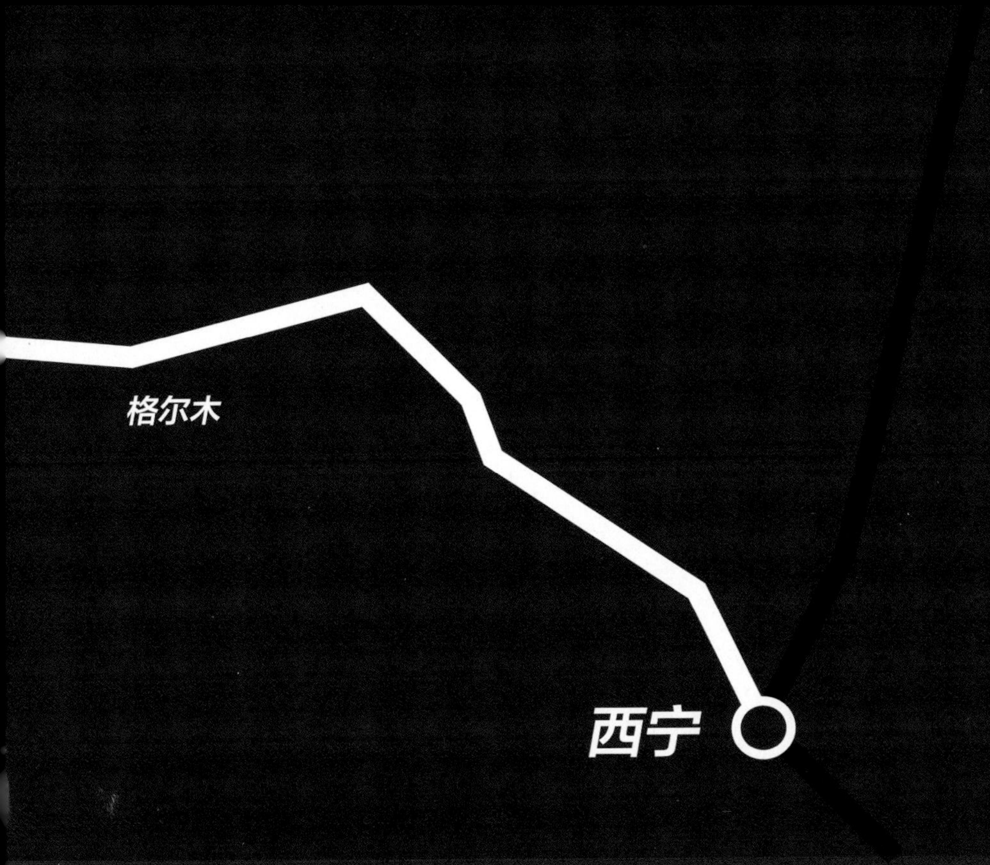

格尔木

西宁 ○

中国铁道风景线

青藏铁路

蓝天、雪山、草地、牦牛与飞驰的列车，定格青藏铁路最唯美的画面。

去往拉萨的列车飞驰在玉珠峰冰川脚下。

青藏铁路，穿越"世界屋脊"的神奇天路。她起自青海省省会西宁，经湟源峡谷一路向西，傍青海湖，越关角山，沿柴达木盆地北缘而行；过德令哈，穿锡铁山后折向西南，经察尔汗盐湖至格尔木。继而青藏铁路翻昆仑山，穿茫茫可可西里，过五道梁，钻风火山，以万里长江第一桥跨过沱沱河，经海拔 5072 米的唐古拉山口这一世界铁路最高点后，进入西藏自治区，经安多、那曲、当雄、羊八井等县市，直至圣城拉萨，全长 1956 公里。青藏铁路，特别是格尔木至拉萨段的二期工程，不仅因解决多年冻土、高寒缺氧和生态脆弱三大难题而在世界铁路史上留下浓墨重彩的一笔，更因沿途绝美的风景成为中国铁路风景之旅上最不可错过的旅程。

○ 西宁

● 德令哈

● 格尔木

● 南山口

● 沱沱河

● 唐古拉

● 安多

● 错那湖

● 那曲

● 当雄

● 羊八井

◉ 拉萨

屋脊之路

美国铁路旅行家保罗·泰鲁曾在《游历中国》一书中说："有昆仑山脉在，铁路就永远到不了拉萨"。可是，把铁路修上世界屋脊，却是中华民族的百年夙愿。早在 1919 年，孙中山先生在《建国方略》中就规划了数条进藏铁路。新中国成立后，"把铁路修进青藏高原，修到拉萨"更是铁路建设者们为之不

懈奋斗的目标。1959 年 10 月，兰州至西宁的兰青铁路建成通车，青藏高原告别了没有铁路的历史。仅仅一年后，铁路便向西延伸至海晏，火车开进拉萨似乎指日可待。然而，由于上世纪 60 年代国民经济困难，加之高原铁路建设技术还不甚成熟，青藏铁路延伸的脚步被迫慢了下来。直到上世纪 70 年代中期，青藏铁路才再次复工，向格尔木延伸。

1984 年，在历经 24 载建设，青藏铁路一期工程正式交付运营，火车通到了格尔木。但即便付出了如此大的努力，铁路依然还是在青藏高原的边缘徘徊，西藏自治区也仍然是中国唯一不通铁路的省区。尽快完成青藏铁路二期格尔木至拉萨段的建设，成为了铁路建设者们的新目标。只不过，由于当时国民经济实力和技术水平所限，奔向这一目标的奋斗之旅，又延续了二十多年。

2001 年，在历经十余年的精心准备与科技攻关后，青藏铁路格尔木至拉萨段终于正式开工，天路开始继续向西藏挺进。历经 5 年多的艰苦施工，铁路建设者们克服了多年冻土、高寒缺氧和生态脆弱三大难题，高标准高质量的完成了所有工程。2006 年 7 月 1 日，青藏铁路格拉段建成通车，青藏铁路全线建成。在历经近半个世纪的等待与努力后，火车终于开进拉萨。这条世界上海拔最高、线路最长、穿越冻土里程最长的高原铁路，成就了人类铁路建设史上前所未有的壮举。

● 从西宁出发

2006 年青藏铁路格拉段建成通车时，很多人都误把格尔木当成青藏铁路的起点。其实，青藏铁路真正的起点是西宁。作为青海省省会，很多初次到达这里的游客都会觉得西宁是座年轻的新兴城市。其实，这座自汉朝军队建设要塞而发展壮大的城市，至今已度过了 2100 多

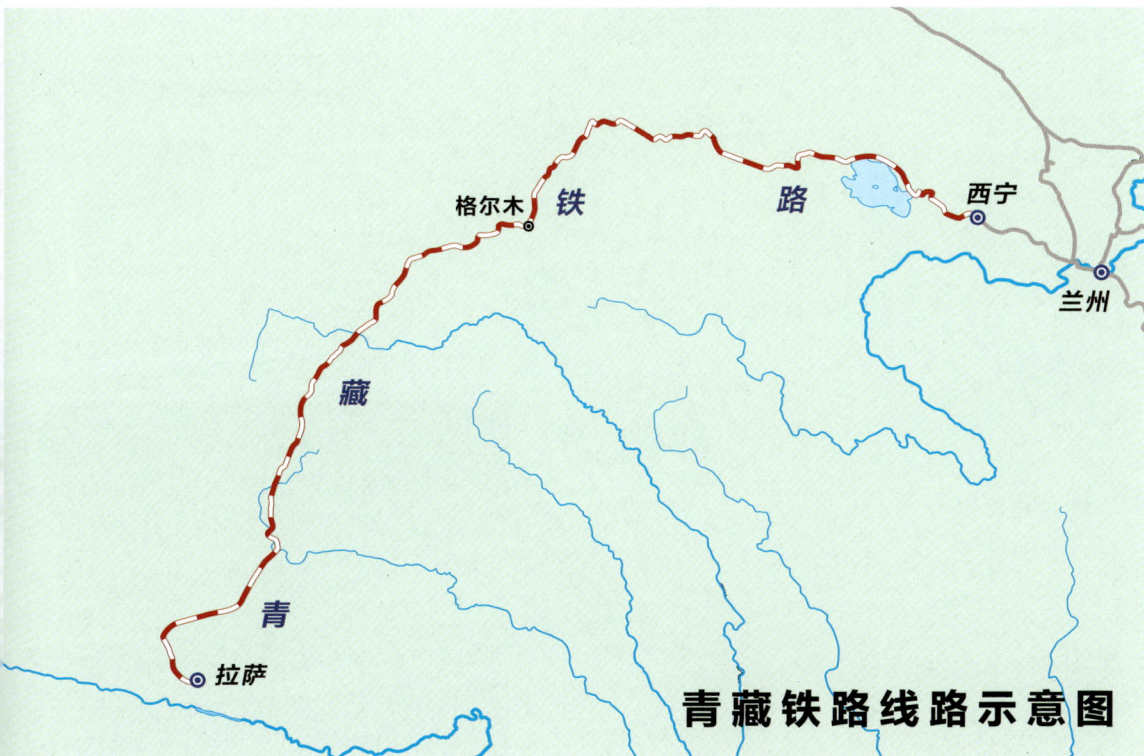

青藏铁路线路示意图

P207 玉珠峰

P218 沱沱河

P236 拉萨河大

青藏铁

格尔

藏

沱沱河

唐古拉

青

那曲

拉萨

线路详图

北

路

西宁

P198　关角展线

P191　青海湖

P220　唐古拉站

P224　措那湖

个春秋。西宁不仅是青藏铁路沿线最大的城市，而且是内地通向藏区最大的中转枢纽之一。目前由于西宁站正在升级改造，所有去往格尔木和拉萨方向的列车都在西宁西站停靠。西宁西站也成了青藏铁路的"临时第一站"。

从西宁出发，青藏铁路开始了一路向西的旅程。出市区不久，铁路两侧的山势便愈显雄浑，峡谷也逐渐收拢，列车进入了自古就有"海藏咽喉"之称的湟水峡谷。峡谷两侧群山相持，峭壁万仞仿若斧劈。每当春夏之交，湟水上游冰雪消融，水源充足，遂河水骤涨，波涛汹涌，故称"湟水春涨"，为西宁古八景之一。这里是青藏铁路最早建成的一段，曾经的铁路就在陡峭的山谷间蜿蜒而行，一路尽可饱览湟水峡谷的壮美风景。不过，由于技术标准低，运输能力不足，2007年起，青藏铁路西宁至格尔木段复线电气化改造开工，改造后的湟水峡谷路段改以傍山隧道和高架桥梁快速通过，原有线路随之废弃。虽然运输条件大为改善，但不能再欣赏窗外的美景，也是旅程中的小小遗憾。

傍行青海湖

过湟源，至海晏，青藏铁路离开险峻的湟水峡谷，进入拥有辽阔草原的海北藏族自治州。在青海省的行政区划中，海东、海西、海南、海北四个地区鼎足而立，其中的"海"字指的便是青海湖。青海湖是一座

内陆咸水湖，古称"西海"，又称"鲜海"，因湖水清澈湛蓝而得名，宛若一颗明珠一般镶嵌在青藏高原的东北角。作为我国第一大湖泊，青海湖的总面积达4456平方公里，湖面东西长，南北窄，略呈椭圆型，环湖周长达360多公里。这里地域辽阔，草原广袤，水草丰美，环境幽静。湖岸四周，四座海拔在3600~5000米的山岭将青海湖紧紧环抱，构成一幅山、水、沙地和草原相映成趣的唯美画面。

青藏铁路经过的海西草原每到夏季便鲜花盛开，分外艳丽。

拉萨开往兰州的列车行驶在关角展线的巨大弯道上。

HXD1C+DF4 双机牵引的货物列车运行在关角南坡的展线之间。

从青海湖站开始，历经哈尔盖、刚察至鸟岛站，列车要在广袤的青海湖边行驶一个多小时的时间。不仅有湛蓝的湖水，还有险峻的群山、茫茫的沙漠与无边的草原等各种景观不断在车窗外交替，宽宏壮美的画卷能让所有人都震撼不已，即便在离开青海湖很久之后都回味无穷。

翻越关角

在通过大通车站后，列车一头驶入刚刚通车的新关角隧道。青藏铁路西宁至格尔木段上曾经最美的风景，也随着新隧道的贯通成为旧梦。

关角，在藏语中的意思是"登天的梯"，仅从名字就足见这里地势的高峻险要。这条祁连山的余脉平均海拔达 4000 米以上，是柴达木盆地与青海湖区的天然分水岭。从青海湖北侧经柴达木盆地南下西藏，关角山是不得不翻越的天险。

关角山海拔高、地质脆弱，因此在上世纪 6、70 年代修建青藏铁路一期工程时，为了尽可能缩短分水岭隧道的长度，青藏铁路在关角山两侧都修建了极为复杂的展线，在直线距离只有 30 余公里的两侧山谷间，铁路需从海拔 3370 米的天棚站爬升到海拔 3692 米穿越分水岭，再降低到海拔 3290 米的察汗诺站。尤其是关角山南坡，由于河谷长度的限制，铁路必须要在直线距离仅有 17 公里的关角隧道南口与察汗诺站间，将线路高程降低 400 米。为此青藏铁路在该地共修建了 3 座车站 5 组展线：

列车行驶在关角山的崇山峻岭中。

两列开往不同方向的列车行驶在关角展线不同高度的线路上。

格尔木至西宁的绿皮小票行驶在巍峨的关角山下。

关角隧道与南山站间的 S 型展线；南山站与二郎站间的 S 型展线；二郎站与洛北站间的 S 型展线与螺旋形展线；洛北站与察汗诺站间的马蹄形展线。这其中，二郎站与洛北站间的螺旋形展线，在滨洲铁路兴安岭螺旋线（详见 P56）停用后，曾成为中国唯一运用中的露天螺旋形展线。整个关角展线群的复杂与精彩程度，与入选世界文化遗产的瑞士阿尔布拉铁路和伯尔尼纳铁路相比毫不逊色，海拔高度更是远胜后两者，足以成为世界铁路建筑史上的经典。只是由于甚少宣传的缘故，整个展线群如藏深闺中的少女，不为世人所熟知。

即便运用如此精彩的展线群提升越岭高程以减小隧道长度，老关角隧道依然长达 4010 米。同时这座轨面海拔高度 3692 米的隧道，不仅长期雄踞我国隧道海拔榜榜首，也是施工和运营条件最为艰苦的隧道。隧道早在 1958 年便开始建设，未及建成便停工下马。1974 年，青藏铁路复工

后，承担重新施工的重任的铁道兵指战员，克服了高寒缺氧与地质复杂的难题，在 1978 年成功贯通关角隧道，青藏铁路才得以进入柴达木盆地。

由于海拔高坡度大，关角路段一直是青藏铁路的瓶颈路段。2007 年，青藏铁路西格段复线电气化改造开工后，为了彻底打通关角瓶颈，一条直接连接天棚站与察汗诺站的新关角隧道开始施工。新关角隧道平均海拔超过 3300 米，长度达到惊人的 32.46 公里。它不仅是目前中国铁路最长的隧道，也是世界超长隧道中海拔最高的一座。2014 年 4 月 15 日，新关角隧道贯通，同年 12 月 28 日，隧道建成通车。至此，青藏铁路西宁至格尔木段间最后的咽喉被彻底打通，进藏列车将能够以 160 公里的时速快速穿越关角山，旅行时间也压缩了 1 个多小时。然而，老线上堪比世界文化遗产铁路的精彩展线群却从此退出历史舞台，我们也永远错过了西格段上曾经最精彩的风景。

关角展线示意图

关角隧道（已停用）
关角展线（已停用）
新关角隧道

天峻
鹿芒
北
关角
天棚
南山
二郎
洛北
察汗诺

青藏铁路关角展线群的复杂与精彩程度，与入选世界文化遗产的瑞士阿尔布拉铁路—伯尔尼纳铁路相比毫不逊色，海拔高度更是远胜后两者，可谓世界铁路建筑史上的经典。图中位于关角南坡二郎站与洛北站间的螺旋线更是其中的经典。随着 2014 年 12 月 28 日新关角隧道的通车，整个关角展线群已全部废弃。

上：茶卡盐湖运盐小铁路上的旅游列车。

从察汗诺到锡铁山

翻越关角山，途径察汗诺，青藏铁路进入柴达木盆地。值得一提的是，从察汗诺站向南，青藏铁路筑有一条支线，直通茶卡盐湖。茶卡盐湖是柴达木地区知名的盐湖之一，这里生产的食用盐品质高，味道好，远销全国。为了采集运输原盐方便，茶卡盐湖中还铺有600毫米轨距的窄轨铁路。只不过，当年的运盐小火车现在被改装成了旅游列车，带领游客深入盐湖深处一览奇景。说起来，这也是个不可错过的别样"铁道之旅"呢！

从察汗诺站开始，进入柴达木盆地的青藏铁路开始在戈壁与绿洲间一路西行。从乌兰到柯柯，铁路两旁的绿色逐渐减少，取而代之的是疏松的沙土和裸露的棕钙土。浩瀚的戈壁带来无尽的荒凉，远处褐色的山峦似乎也峥嵘得让人不敢直视。稀稀点点的牧场与羊群是荒凉画面中为数不多的点缀。

在车窗外荒漠画卷不知不觉的延续中，列车抵达了德令哈。"姐姐，今夜我在德令哈"诗人海子的诗让这里家喻户晓。也恰因如此，这里似乎总是让人感觉到伤感中透出的凄美。德令哈是海西蒙古族藏族自治州的首府，也是青海西部除格尔木外的第二大城市，其历史更是可以追溯到唐朝时期。

离开德令哈，青藏铁路在两姐妹般的托素湖与克鲁克湖间穿过。两座同样美丽恬静的湖泊本质却大为不同。克鲁克湖是座淡水湖，周围水草丰美；托素湖却是咸水湖，四边戈壁茫茫。如此奇妙的两座湖泊，再加上坐落在托素湖畔的"外星人遗址"，更给这里的戈壁滩增添了一丝神秘的色彩。

从托素湖与克鲁克湖向西，青藏铁路彻底进入戈壁滩的怀抱。古人诗句"一阵风来一阵沙，有人行处没人家"放在这里是再贴切不过了。铁路北侧，祁连山支脉一直相伴而行。荒凉的景色让所有人都昏昏欲睡。直到一排寸草不生的雄伟山岭出现在眼前，旅程的枯燥才被打破，这里便是锡铁山。

横亘在柴达木腹地的锡铁山是座神奇的山岭。这里山高沟深，崖峭壁陡，岩石裸露，整个山脉没有肥沃的土壤，更无植物覆盖，连同四周的戈壁，倍显荒凉。不过锡铁山贫瘠的土地下，却蕴含着极为丰富的矿产资源。名不副实，锡铁山既不产锡也不产铁，但它蕴藏的铅、锌、金、银储量及品位在中国乃至全世界都极为罕见。据说，上世纪80年代，有几位农民在这里挖出过4公斤重的天然大金块。而青藏铁路的建成，如同一把钥匙打开了这个宝库。早先青藏铁路在锡铁山荒凉的岩石间蜿蜒，乘坐火车旅行颇有一种身在美国西部的感觉。但今天改造后的线路以一座隧道直接穿山而过，所以也只能透过车窗远远眺望一下这座神奇的大山了。

下：运行在柴达木盆地戈壁滩上的列车。

上：建在察尔汗盐湖上的铁路在世界范围内也是独一无二。图为盐矿支线上的运盐矿列车。

盐湖上的铁路

过锡铁山，青藏铁路转向西南方向，直奔格尔木。车行中，铁路两侧黄色的戈壁上逐渐出现了星星点点的白色盐壳，继而，浩瀚无垠的盐湖出现在列车窗外。极目望去，周围成了盐的世界。白色的盐晶与碧绿的盐湖比邻，似乎空气中都有了咸咸的味道。这里便是察尔汗。

察尔汗源于蒙语，意为"大盐泽"。这里是整个柴达木盆地最低洼的地带，戈壁中的季节河带着各种矿物质汇集于此，形成了南北宽40多公里，东西长140多公里，总面积为5800多平方公里的盐湖地带。由于地处炎热干燥的戈壁瀚海，长期风吹日晒，降水量大大低于蒸发量，湖内高浓度的卤水便蒸发形成了天然的高品位盐矿。作为柴达木四大盐湖中面积最大、储量最丰富的一个，察尔汗盐湖也是中国第一，世界第二大盐湖，整个储量超过500亿吨。与茶卡盐湖出产食用盐不同，察尔汗盐湖出产的盐富含钾镁，是极好的化肥和工业原料。中国最大的钾盐生产基地——青海钾盐集团便坐落于此，年产量可达百万吨级。

不过，察尔汗的盐湖地貌也给铁路修建带来了困难。为了让铁路顺利通过盐湖，铁路工人用盐土和盐矿，在盐湖中铺就出一座32公里长的"万丈盐桥"。在火车中向下张望，盐粒有时就在道砟间闪闪发光。这段世界上唯一修建在盐湖上的铁路，也成为青藏铁路旅程上一个精彩的看点。

上：格尔木站夜色。

中继站格尔木

告别察尔汗盐湖，在茫茫戈壁滩中继续前行数十公里，久违的城市终于出现铁路旁。这里便是青藏铁路一期工程的终点——格尔木。格尔木是蒙古语，意为"河流密集的地方"。发源于昆仑山脉，消逝于察尔汗盐湖的格尔木河自南向北流经市区，是格尔木的生命之河。1952 年，穿越世界屋脊的青藏公路修到了这里。来自四面八方的建设者们，在河水漫流的格尔木河畔扎下了第一顶帐篷和工棚，一座城市也自帐篷与窑洞开始发展壮大。

1984 年，青藏铁路一期工程通车至格尔木。在青藏铁路全线通车前，绝大多数经由陆路进藏的旅客都乘坐火车至此，再换乘长途汽车前往拉萨。青藏铁路的一个停顿，成就了戈壁滩上的繁荣。今天的格尔木已经发展成为青海省第二大城市。整洁美观的市区，林立的高楼大厦，宽阔整齐的街道和艳丽多姿的花圃，让人无法想象这里是一座戈壁滩上从零而起的新兴城市。

如今，虽然青藏铁路已经全线通车，但格尔木依旧是进出西藏的咽喉：所有进藏的列车都要在这里暂时停车，换上专用的 NJ2 型高原内燃机车后继续前行；绝大多数经过公路进藏的车辆和游客也会在这里加以整备。从格尔木开始，青藏铁路和青藏公路都将开始新的征程，

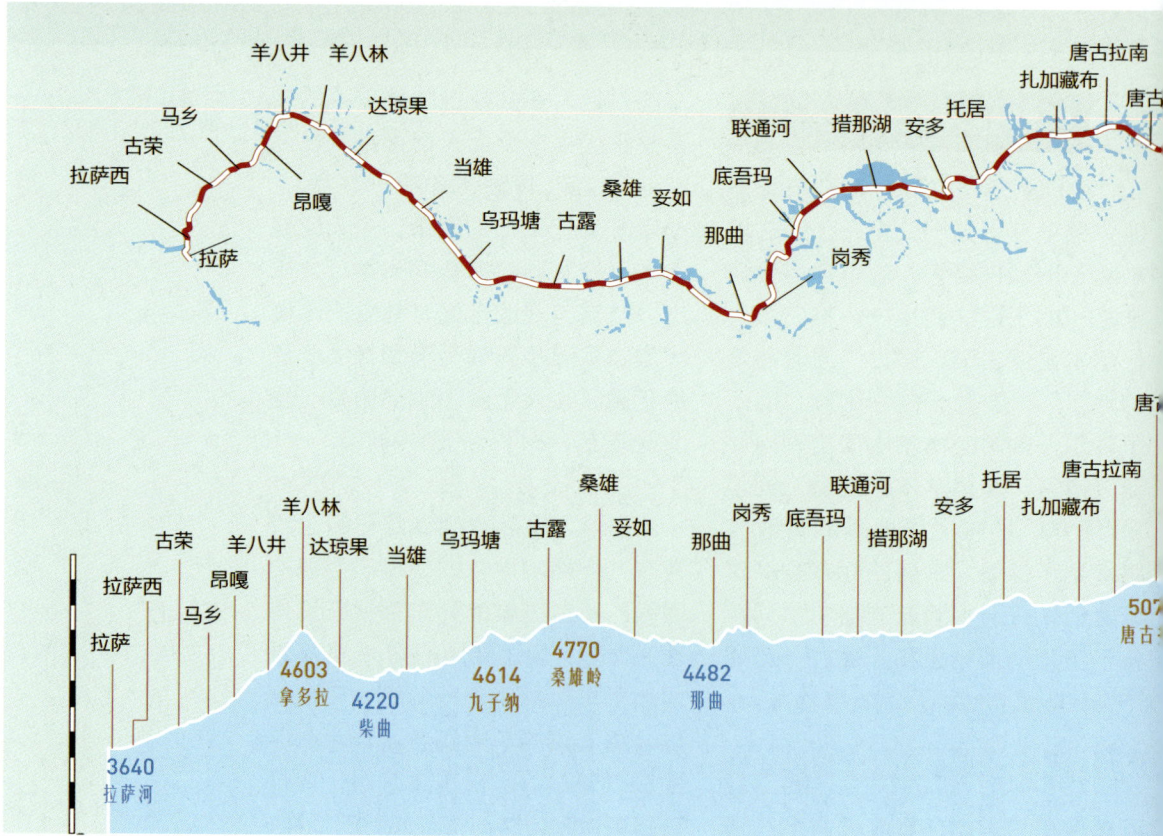

羊八井　羊八林
　　　　　　達琼果
马乡
古荣
　　　昂嘎　　　当雄
拉萨西
　　　　　　　　乌玛塘　古露　桑雄　妥如
　　拉萨
　　　　　　　　　　　　　　　　那曲　底吾玛

联通河　措那湖　安多
　　　　　　　　　　　　托居
　　　　　　　　　　　　　　　扎加藏布　唐古拉南
　　　　　　　　　　　　　　　　　　　　唐古
岗秀

　　　　　　　　　　　　桑雄
　　　　　　　　　羊八林　　　　　　　　　　　联通河
　　　古荣　　　　達琼果　　　　　　　妥如　　　　　　托居
　　　　　　羊八井　　　　　　　　　　　　　　安多　　　唐古拉南
　　拉萨西　昂嘎　　当雄　乌玛塘　古露　　　岗秀　　措那湖　扎加藏布
　　　　马乡　　　　　　　　　　　　　　那曲　底吾玛
拉萨
　　　　　　　　　　　　　　　　　　　　　　　　　　　　　　　　唐古

4603　　　　　　　　4770　　　　　　　　　　　　　　　　507
拿多拉　　4614　　桑雄岭　　4482　　　　　　　　　　　　　唐古
　　　4220　九子狗　　　　那曲
3640　柴曲
拉萨河

204

前方的昆仑山、唐古拉山和念青唐古拉山等数座茫茫雪峰，连续4000米以上的高原冻土带和可可西里无人区正在等待着旅行者们去征服。严格意义上讲，从格尔木到拉萨，这段2006年开通的青藏铁路二期工程才是我们常说的雪域天路，真正的精彩将从这里开始。

翻越莽莽昆仑

离开格尔木，青藏铁路重回戈壁与黄沙的怀抱，向远方苍茫的昆仑山脉一路前行。在刚刚离开格尔木的路段上，列车窗外荒凉的戈壁滩让车中乘客几乎感觉不到坡度与海拔的变化。但事实上，作为柴达木盆地与青藏高原的交接地带，从格尔木到昆仑山口间的160公里路段，青藏铁路将从海拔2830米爬升至4772米，垂直落差将近2000米，是全线高度变化最大的路段。

过南山口，刚刚还远在天边的苍茫雄山瞬间便围绕在了列车左右。这里便是素有"万山之祖"、"中华第一神山"之称的昆仑山。青藏铁路沿格尔木河冲击出的峡谷忽左忽右，蜿蜒前行。由于山脉阻隔，印度洋的暖湿空气很难越过山岭，昆仑山北麓降雨稀少，除格尔木河两侧偶见绿洲，山谷中的群山都寸草不生。铁路两侧壁立万仞的大山线条粗犷，在刺眼的阳光下或是金

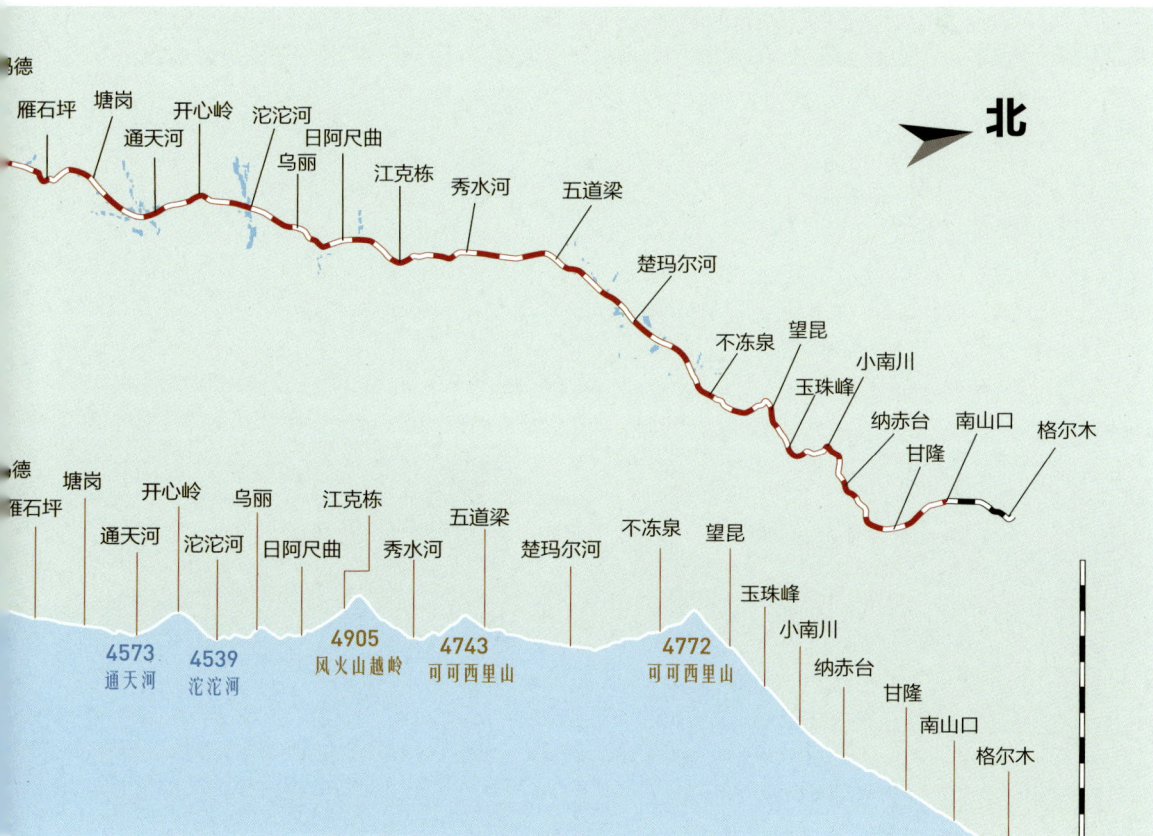

北

4573 通天河
4539 沱沱河
4905 风火山越岭
4743 可可西里山
4772 可可西里山

玛德
雁石坪
塘岗
通天河
开心岭
沱沱河
乌丽
日阿尺曲
江克栋
秀水河
五道梁
楚玛尔河
不冻泉
望昆
玉珠峰
小南川
纳赤台
甘隆
南山口
格尔木

昆仑山脉中间的雪水河因河水源自冰川融
水而呈现碧绿的色彩。

傍行昆仑雪峰。

列车行驶在青藏铁路玉珠峰脚下，旁边玉珠峰冰川蜿蜒而下。盛夏季节，玉珠峰山顶冰雪覆盖，山脚下的油菜花刚刚盛开。

青藏铁路

在荒凉冷冽，如梦如幻的昆仑山深处，两台内燃机车牵引的货车喘着粗气，缓缓攀爬，柴油机的振动响彻寂静山谷。

语义，玉珠峰就像一位"美丽而危险的少女"。玉珠峰是青藏铁路沿途遇到的第一座雪峰，即使在炎炎夏日，山顶依然白雪皑皑，庄严圣洁，每每引起列车里初上高原乘客的惊呼。青藏铁路紧贴玉珠峰，在山脚下的戈壁和半干旱草原间迤逦而过，蜿蜒而下的玉珠峰冰川在列车中都似乎触手可及。

黄，或是火红，仿佛神话传说中昆仑山主人西王母点燃不灭神树的火焰染红山谷，苍茫雄浑，荒凉冷冽。

跨雪水河，过纳赤台，青藏铁路在格尔木河谷中扭动腰身，画出一道道优美的曲线，奋力攀登。值得一提的是，在纳赤台站与小南川站间，爬升至昆仑山半山腰的青藏铁路以一道飞鸿跨越数十米高的山谷，这里便是著名的三岔河特大桥。三岔河特大桥位于昆仑山北麓，小南川和野牛沟汇合处。大桥海拔3800多米，全长690.19米，桥面距谷底54.1米，是全线最高的桥梁。大桥共有20个桥墩，其中有17个是圆形薄壁空心墩，墩身顶部壁最薄处仅有30厘米。蓝天白云下，在大桥上轰鸣而过的列车有如攀爬天梯，让人倍感震撼。

过三岔河大桥不远，覆盖着皑皑白雪的山岭猛然横亘在铁路前行的方向上。这里便是东昆仑山脉的主峰玉珠峰。海拔6178米的玉珠峰又称可可赛极门峰，正如其蒙古

沿玉珠峰所在的东昆仑山主脉前行约20公里后，青藏铁路抵达望昆站。顾名思义，青藏铁路在这里遥望昆仑山口，即将开始攀登昆仑山的最后行程。出望昆站，铁路在昆仑河河谷中绕出一道巨大的"Ω"型的展线后，在狭小的空间内急升100余米，越玉珠峰和她的"姊妹"玉虚峰间的隘口，穿过位于海拔4648米，全长1686米的"世界高原多年冻土区第一长隧"——昆仑山隧道，终在经幡与哈达覆盖的石碑旁翻越昆仑山口，昆仑神山终被钢铁巨龙所征服。

下：蓝天白云下，货物列车怒吼着驶过青藏铁路全线最高的三岔河大桥。

位于昆仑山口附近海拔 4648 米的山梁上的昆仑山隧道全长 1686 米，被誉为"世界高原多年冻土区第一长隧"。

穿越可可西里无人区

翻越昆仑山口不久，青藏铁路抵达不冻泉车站。从不冻泉开始，雪山暂时告一段落，广袤中略带荒芜的高山草原取而代之。这里已是可可西里的范围。在我们的概念中，可可西里总有一丝神秘，一丝苍凉。"可可西里"在蒙语中意为"美丽的少女"。恰如其名，这里美丽恢弘景色的背后，却是平均海拔4500米、高寒缺氧的严酷自然环境，因此"生命的禁区"这个名字，恐怕更为人熟知。

令人望而却步的恶劣自然条件恰恰给高原野生动物创造了得天独厚的保护伞，让这里成为"野生动物的乐园"。近年来，由于保护力度的加强和偷猎者的减少，可可西里的藏羚羊数量大幅增加。如果运气好，在公路和铁路边，我们都能看见它们矫健的身躯。为了尽可能减少对藏羚羊的影响，青藏铁路在可可西里腹地设计了数十公里的桥梁，其中就包括全长11.7公里、全线最长的清水河特大桥。清水河特

上：青藏铁路在经幡与哈达覆盖的石碑旁翻越昆仑山口，进入可可西里境内。

下：可可西里随车而行的藏羚羊。

列车穿越蓝天白云下的可可西里。

大桥不仅解决了冻土带来的沉降问题，桥墩间的1300多个桥孔更是可以保证藏羚羊等野生动物得以安全、自由的迁徙。在可可西里腹地的楚玛尔河车站，不仅设置了观景站台，站台上还摆放着藏羚羊的雕塑，以便让所有经过此地的乘客都能永远记起这个藏羚羊的故乡。

出楚玛尔河站，青藏铁路跨过红色河水漫流的长江北源楚玛尔河，抵达五道梁。"到了五道梁，哭爹又喊娘"——这句当地广为流传的俗语一语道破五道梁的艰苦与恶劣。这里海拔4665米，不仅低于海拔5072米的唐古拉山口，甚至连4772米的昆仑山口都不及。但由于五道梁地处可可西里中心地带，植被稀少，气中的含氧量尚不及平原地带的一半。可以说，从这里到风火山，是整个青藏铁路全线自然环境最为恶劣的一段。在平原生活的人初到这里，勿说劳作，就算卧床休息都会因高原反应头痛欲裂。想到当年数万筑路工人就是在这样艰苦的条件下修筑起万里天路，至今不由得都让人敬佩不已。

离开五道梁，青藏铁路跨秀水河，至风火山。海拔5010米的风火山又名隆青吉布山，地处可可西里东南，红褐色的山体似被烈火焚烧，分外醒目，风火山之名也因此而得。此地气候变化剧烈，多年冻土，筑路环境极为艰苦。青藏铁路以轨面高度4905米，全长1338米的风火山隧道穿越垭口，打通了这个全线的关键节点。这座穿越多年冻土的风火山隧道不仅是青藏铁路全线的控制工程，更摘得了世界上海拔最高隧道的桂冠。

下：货物列车驶入五道梁车站。

216

● 万里长江第一桥

西里腹地穿行数百公里之后，青藏铁路抵达沱沱河沿。这里是万里长江的正源。源自念青唐古拉山主峰——格拉丹东雪峰，由冰川融水汇集而成的涓涓溪流，至此已成数十米宽的大河。从这里向下，沱沱河向东汇合当曲与楚玛尔河后改称通天河，经青海玉树进入四川后改称金沙江，继而一路向东，奔腾万里直至东海。每当夏日雨水丰沛之际，日出与日落之时，沱沱河都在金色的阳光下显露出狂野之美。在这里，青藏铁路以一座42孔，全长1389.6米的大桥跨过宽阔的河床。虽然这里距离长江源头还有130多公里的路程，但自此而上沿途再无一座人工桥梁。青藏铁路沱沱河大桥万里长江第一桥"万里长江第一桥"的美誉可谓名副其实。江泽民题字的"长江源"纪念碑耸立桥头，更让青藏铁路沱沱河大桥成为一处不可错过的景点。

在第一缕朝阳下，北京开往拉萨的旅客列车恰好驶过万里长江第一桥。正处于丰水季节的沱沱河也在金色的阳光下显露出狂野之美。

上：上海到拉萨的旅客列车正高速通过唐古拉车站。蓝天下，绿色的列车和黄色的旷野构筑起一幅粗狂和简单的画面。

翻越唐古拉

告别沱沱河，青藏铁路翻越开心岭，跨过通天河，沿沱沱河支流布曲而上，经雁石坪，布强格等车站，一路向唐古拉山进发。唐古拉山地处青藏高原中部，在藏语里意为"高原上的山"，在蒙语里则意为"雄鹰飞不过去的高山"，主峰格拉丹东雪峰海拔 6621 米，是长江的正源。这片从 5000 米高原上耸起的山脉，不仅是青海省与西藏自治区的天然界山，也是长江、怒江、澜沧江的源头。如果说昆仑山乃"万山之祖"，唐古拉山便可谓"千水之源"了。

唐古拉山因为地处平均海拔5000 米的高原，因此并没有想象中的巍峨，只有山顶的积雪告诉我

上"雪山造型的唐古拉火车站站房。
下：世界最高车站——海拔 5068 米的唐古拉站。

们，这里的山峦位于雪线之上，已是距离天空最近的陆地之一。为了从更低的垭口翻越唐古拉山，在离开布强格后，青藏铁路与一直如影随行的青藏公路告别，折向西南，沿布曲而上，经扎加藏布、日阿拉藏布河谷一线的垭口而行。这条路线虽然距离略长，但垭口高度却比青藏公路海拔 5231 米的最高点低了将近 200 米。即便如此，海拔 5072 米的唐古拉山口仍然成为青藏铁路全线、全中国乃至全世界铁路海拔的最高点，无愧世界铁路"第三极"的美誉。与此同时，山口附近海拔 5068 米的唐古拉车站不仅是世界海拔最高的火车站，也是全球唯一海拔超过 5000 米的火车站。相比之下，瑞士少女峰冰川下海拔 3454 米的"欧洲之巅"也只能是小巫见大巫了！

迷情措那湖

越过唐古拉山口，青藏铁路正式进入西藏自治区。随着海拔的降低，连片的青翠草场出现在铁路两边，星星点点的牛羊散落其上，加之偶尔出现的藏式民居，让生命的气息也愈发浓厚。这里已是藏北羌塘草原的范围了。"羌塘"在藏语里意为"北方的狂野高地"，是传说中格萨尔王降妖伏魔的山神之地。现实中，这片迷人的草原恬静自然，景色秀丽。由于山脉阻隔，上升的水汽让唐古拉山南麓湿润温暖，与北麓的荒凉冷冽形成鲜明对比。宝石蓝的天空中白色云朵悄然变换着婀娜的身姿，与横卧大地的皑皑雪山相映成画。雄伟的高山把这片神秘的土地托起到离太阳最近的位置，不身在其中，真的难以无法感受那种屋脊之巅的震撼和精彩！

从唐古拉山口南行 90 多公里，青藏铁路抵达进入西藏自治区的第一个县城——安多。这里是藏北要镇，自古也是青海西藏交通的咽喉。青藏铁路在此与青藏公路短暂相遇，然后再次分道，沿藏北羌塘草原边缘向措那湖方向一路而去，进入全线风景最为迷人和精彩的路段。

措那湖海拔 4600 米，面积达 400 多平方公里，是高原上为数不多的淡水湖，怒江、那曲河皆发源

右上：火车驶过措那湖畔。

右下：云影婆娑、波涌云诡间，列车在湖水与草甸间疾驰而过。

下：青藏铁路进入西藏的第一座客运车站——安多站。

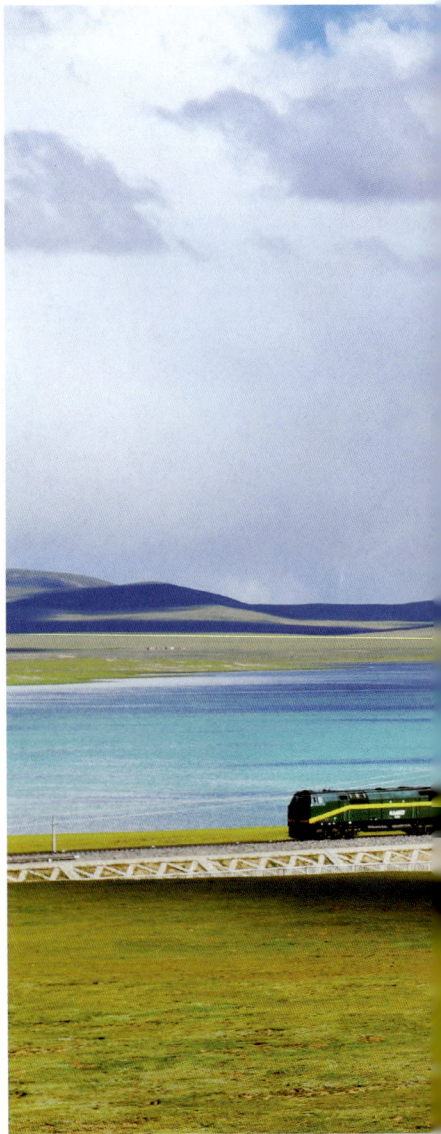

于此，是当地藏族人心中的神湖。青藏铁路从措那湖边贴身而过，最近之处只有 20 米。坐在车内，感觉伸手便可触及清澈迷人的湖水。海拔 4594 米的措那湖车站就位于措那湖东岸，站在 500 米长的景观站台上便可一睹如无暇翡翠般镶嵌在雪山之间的平静湖水，是将来乘坐旅游列车进藏乘客最佳的观景平台。

青藏铁路在措那湖畔贴身而过。湛蓝的湖水如同无瑕翡翠般镶嵌在雪山之间。画面不远处便是措那湖景观车站。

行驶在措那湖上的列车。天高云淡，水波
不兴。这里是藏人的圣地，心中的神湖。

从那曲到当雄

作别措那湖，青藏铁路沿着湖中流出的那曲河一路而行，与翻越申格里贡山口的青藏公路重新相聚，直抵那曲镇。那曲镇因地处那曲河畔得名，是那曲地区的首府所在地。这里北上西宁，南下拉萨，东至昌都，西通阿里，是整个藏北的政治、经济和交通中心。由于周边草场山地盛产冬虫夏草，那曲也是中国最重要的虫草集散中心。在藏语里，那曲是"黑色河流"的意思，因河水太过深邃湛蓝，以至于呈现青黑色而得名。事实上，源自错那湖的那曲河清澈无比。当夕阳西下，那曲河和背后的天空被染上绚丽的色彩，

列车疾驰而过的美丽剪影则被永久定格。

出那曲，青藏铁路一路向南，重新开始爬升。在那曲与当雄之间，青藏铁路在此要翻越海拔4770米的桑雄岭。随着海拔的重新提升，雪山再次出现在铁路两侧。特别是在古露镇附近，一座雄伟雪山高耸入云。这便是海拔6590米，西藏最高25座山峰之一的桑丹康桑雪峰。据说，桑丹康桑雪峰之神名为"夜叉岗布桑布"，是法力无边的保护神，周围的峰峦和湖泊都是他的侍从。青藏铁路就从桑丹康桑脚下蜿蜒而过，透过车窗便能一睹真容。

告别桑丹康桑雪峰，青藏铁路折向西南，在宽阔的山谷中一路向当雄而去。正如当雄一词在藏语中"选择的草场"之意，铁路两侧山水之间是广袤无边的肥美草场与星星点点的牦牛和羊群。从这里开始，人烟逐渐稠密，藏式的民居也越来越多地出现在铁路和公路两侧。对于以畜牧业为生的普通藏族居民，当雄可谓天赐的沃土，若不是远方雪山时隐时现，真让人感觉梦回江南水乡。

● 与雪山同行

离开当雄，宽阔的山谷猛然收窄，两侧的高山如同持枪的卫士，紧紧贴到铁路两旁。特别是铁路北侧，巍峨壮观的念青唐古拉山猛然迫近。"念青"在藏语中意为"大神"。在西藏古老的神话里，念青唐古拉是统领藏北各山脉之神中最重要的一位。现实中，这道绵延数百公里的雄伟山脉也配得上藏人对它的无限崇拜：作为雅鲁藏布江和怒江的分水岭，念青唐古拉山同时将西藏分为藏北、藏南和藏东三大地域。在当雄与羊八井之间百余公里的主脉上，除连续 4 座海拔超过 7000 米山峰外，还有 30 余座海拔 6000 米以上的峰群。尖利的山峰间白雪皑皑，其下则是连绵的牧场与成群的牦牛。这一带是青藏铁路与周边雪峰距离最近，相对高差最大的地方，那种唯美中透着刚毅的画面也每每被选为青藏铁路全线最具特色的代表场景。

229

列车驶过如画卷般美丽的藏北羌塘草原。

念青唐古拉山顶积雪皑皑，脚下却郁郁葱葱，花木繁盛。

从羊八井到拉萨

在念青唐古拉山脚下蜿蜒数十公里后，青藏铁路抵达羊八井。这座紧靠念青唐古拉山的小镇是进出拉萨的枢纽咽喉，更因地热而闻名于世。除常规温泉外，这里还有全国温度最高的沸泉和罕见的爆炸泉。利用地热修建的全国最大地热电厂也坐落于这里，是羊八井的一大知名景观。每到清晨，汇聚温泉而成的河水散发着阵阵蒸汽，包裹着周边的雪山，形成一幅云山雾罩的仙境美景，美丽神奇。

出羊八井，青藏铁路向东南方向拐了一个将近 90 度的大弯，沿羊八井峡谷一路而下，向最后的终点——圣城拉萨而去。从格尔木出发以来，除昆仑山北麓山势险峻，偶有高桥长隧外，其余路段虽一路地处海拔 4000 米以上的高原，即便是翻越海拔 5072 米的唐古拉山口之时，青藏高原缓慢变化的地形也让人很难感知高度的变化。反而在旅程的最后一段，狭窄的羊八井峡谷中不断可见相峙的群山和连绵的大桥，铁路周围的景色和之前路段相比多少有些"另类"。随着窗外精彩风景的不断变化，青藏铁路的高度也从羊八井的海拔 4300 米一路下降到海拔 3600 米左右，终点就在不远的前方。

上：羊八井峡谷是青藏铁路全线最为险峻的路段，山高谷深，与之前的高原地貌大不相同。

233

● 圣城拉萨

当两侧高山逐渐褪去，窗外重回农区风景时，哈达般飘逸的拉萨河特大桥出现在前方，这也预示着1956公里的旅途将要到达终点。拉萨河特大桥是青藏铁路抵达拉萨前的最后一座桥梁，大桥横跨拉萨市境内的拉萨河上，全长928.85米，主跨108米。拉萨河特大桥在设计时，设计师融入了许多西藏民族特色的元素，主桥墩形似牦牛腿，引桥桥墩形似雪莲花，可谓青藏铁路的标志。

过拉萨河大桥，青藏铁路向东急转，终抵圣城拉萨。以布达拉宫为蓝本设计的拉萨站站房处处渗透着藏族传统建筑的元素。从车站远眺，远方布达拉宫清晰可见，保持着数百年不变的威严。未来，更多的铁路以拉萨火车站为中心向外辐射，2014年，立日铁路（拉萨至日喀则）已建成通车，拉林铁路（拉萨至林芝）、日亚铁路（日喀则至亚东）也已列入计划日程。未来，青藏铁路将和这些支线一起，通衢整个雪域，编织高原路网。铁路有终点，但旅程却永无止境，青藏铁路的风景之旅也将向更远的前方延伸。

上：远眺列车驶过如哈达般飘逸的拉萨河大桥，前方不远便是青藏铁路的终点拉萨站。远方布达拉宫依旧保持着数百年不变的威严。

在拉萨的晨雾中，拉萨开往西宁的列车驶过拉萨河大桥。

福州

南平

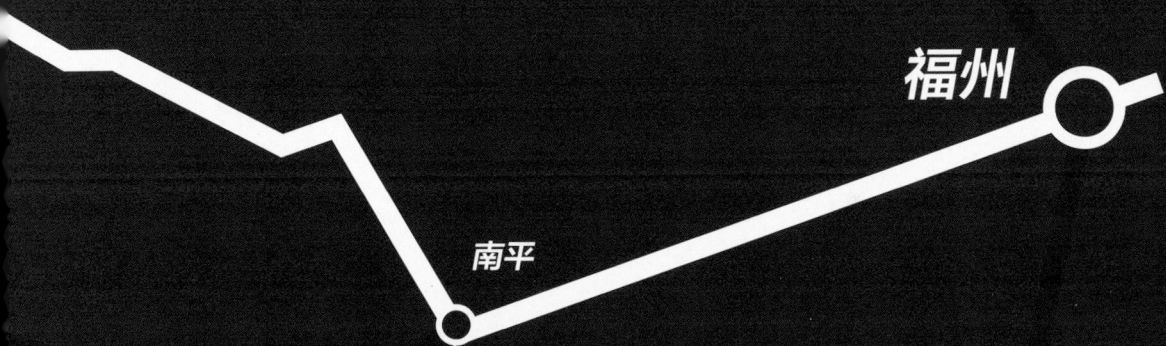

中国铁道风景线

峰福铁路

傍行闽江的峰福铁路。

福建特色的"福龙"涂装旅客列车，跨越武夷山。

峰福铁路起自江西省境内的沪昆铁路（原浙赣铁路）横峰站，向南经铅山县，翻越武夷山脉进入福建省，沿崇阳溪和建溪一路而下，经武夷山市、建阳市、建瓯市至南平市后，沿闽江北岸而行，经古田县、闽清县、闽侯县，直至福建省省会福州，全长 409 公里，是进出福建省的重要铁路通道。其沿途不仅可以欣赏到武夷山风景区如诗如画的山水与闽西北山区农民的纯朴生活，还观赏到闽江中游水口水库的山水相依和碧波万顷，是中国铁路难得的风景之旅。

🔴 峰福变迁

横峰
武夷山
建阳
建瓯
南平
古田
闽清
闽侯
◎ 福州

今天的峰福铁路以南平为界，可分为南北两段。虽然两段铁路统一命名，但其建设时间却相差了近40年。

诗仙李白曾感叹"蜀道之难，难于上青天"。其实，对于铁路建设者来说，闽道更比蜀道难。"八山一水一分田"的福建山峦起伏，河流众多。虽风景秀丽，却出行艰难。1955 年 2 月，福建省第一条铁路——鹰厦铁路（鹰潭至厦门）

开工建设。1956 年 3 月，作为鹰厦铁路支线，起自鹰厦线外洋站，终止福建省省会福州的外福铁路开工建设。1958 年 1 月 1 日，外洋至南平段与鹰厦铁路同步开通；1959 年 12 月 1 日，外福铁路全线开通运营。建国 10 年，福建省由"手无寸铁"一下拥有了 2 条铁路干线，交通面貌大幅度改善。

不过此后数十年间，虽然鹰厦线与外福线相继进行了扩能和电气化改造，但进出福建省的铁路通道长期以来只有鹰厦线一条，压力极大。上世纪 80 年代末 90 年代初，经过多方论证，横南铁路（横峰至南平）被选为进出福建省的第二条铁路通道。1992 年 12 月，横南铁路开工建设，并于 1997 年 12 月建成通车。由于技术标准相对较高，横南铁路很快成为进出福建的主要通道。2007 年，在全国铁路第六次大面积提速前，横南铁路与外福铁路合并，改称峰福铁路，成为当时进出福建省最快的铁路通道。时至今日，虽然温福、昌福、厦深等快速铁路相继开通，但仍有大量普速列车经由峰福线进出福建。相比于飞驰而过的高速列车，乘坐普速火车缓缓穿越武夷山脉，尽览闽山闽水的清秀风光成为峰福铁路旅行的别样感受。

⬤ 翻越武夷山

峰福铁路的起点站是沪昆铁路的横峰站。在车站西端，一座漂亮的疏解大桥让去往福建的列车告别沪昆铁路，向武夷山深处而行。在峰福铁路建设前，横峰站只是沪昆铁路沿线无数县级车站中并不起眼的一座。由于早年一条去往铅山县永平镇铜矿山的支线从这里引出，为了利用旧有的路基等基础设施，峰福铁路的接轨站也就设在了这里。为了方便杭州方向的列车出入峰福线，在上饶至铅山间，还设一条联络线直接相连。很快，铁路从当年矿区线路服务的铜矿山旁经过，一头扎进苍翠的青山中。这里已是武夷山脉的领地。精彩的越岭之旅即将开始。

峰福铁路线路示意图

北

南昌

向塘

向莆铁路

沪昆铁路

P247　　车盘大桥

P248　　跨越崇阳溪

P256　　水口道影

P258　　傍行闽江

峰福铁路

横峰

上饶

铅山

武夷山

建阳

P250 武夷山下

P253 南平闽江大桥

鹰厦铁路

建瓯

外南铁路

外洋

南平

沿海高铁

沙县

三明

古田

闽清

闽侯

福州

永泰

线路详图

上：峰福铁路列车运行在烟雨蒙蒙的武夷山区。

武夷山脉位于江西省与福建省的交界处，是两省天然的分界线，也是赣江流域和闽江流域的分水岭。整座山脉呈东北—西南走向，北接仙霞岭，南接九连山，全长约550公里，平均海拔超过1000米，主峰黄岗山更是以海拔2158米成为华东第一高山。自古以来，山脉深处的越岭隘口便是重要的交通要道和军事要冲。上世纪50年代，鹰厦铁路选择了光泽与资溪之间的铁牛关进入福建，而峰福铁路则选择武夷山市与铅山县之间的分水关翻越武夷天险。相比于鹰厦铁路的铁牛关，紧邻武夷山主峰黄岗山的分水关地势更加险峻。同时，武夷山脉的东西两坡呈明显的不对称地势：东坡舒缓，水系发达；西坡陡

峻，断崖叠嶂。因此，离开海拔不到100米的铅山永平铜矿后，峰福铁路便立刻开始在武夷山北麓的宽阔山谷间奋力爬升，向分水关隘口挺近。因为修建于上世纪90年代，当时的铁路工程技术已经比较先进，所以该路段在通过沟壑时可以直接架设大桥通过，不用再为了减少桥长而修筑攀山的展线。在峰福铁路电气化改造前，于此路段牵引列车奋力登山的DF4型内燃机车低沉轰鸣的柴油机声曾日日响彻山谷，成为一景。

在铅山县武夷山镇附近，峰福铁路的第一个标志性场景——车盘大桥出现在前方。大桥以一道优美的曲线划过两侧山岭，让铁路直通

至分水关隘口脚下。在分水关，峰福铁路以7252米的分水关隧道穿越武夷主脉，进入福建省境内。

出分水关，铁路两侧的风景已与先前大为不同。武夷山北麓宽广雄浑已不见踪影，取而代之的是狭窄的山谷与飞瀑流泉。在沟壑纵横的山间，峰福铁路辗转腾挪，扭动腰身，以座座高桥跨越道道溪谷，成为自然风景中与众不同的点缀。

山势渐开。峰福铁路远远绕过市区，抵达武夷山站。这里是整个峰福铁路北段最大的车站，也是去往武夷山风景区的中转枢纽。武夷山市原名崇安县，东连浦城，南接建阳，西临光泽，北与江西省铅山县毗邻，因其境内入选世界文化与自然双遗产的武夷山风景名胜区而闻名天下。在武夷山站南侧跨越崇阳溪的大桥上，在火车中都可一览武夷山标志性的丹霞地貌山峰。崇阳溪大桥青山碧水蓝天白云的场景也成为整个峰福铁路北段的经典画面。

⬤ 风景人文荟萃之地

武夷山得以入选世界文化遗产之列，除绝美之自然风景外，历史人文的荟萃也是重要原因。峰福铁路经过的建阳市，曾是南宋理学大师朱熹晚年定居之所。他于城南考亭书院讲学，四方学子不远千里前来，共同研究理学，著书立说，使建阳成为"图书之府"和"理学名邦"。在建瓯以南，列车窗外虽少了丹霞地貌的奇雄，但这一带作为武夷山岩茶大红袍的重要产地，山

下：武夷山腹地的峰福铁路车盘大桥在山谷中画出一道优美的曲线。

峰福铁路山水相连。

火车从武夷山美丽的丹霞地貌旁经过是峰福铁路的经典画面。

岭开阔之处的漫山茶园与地势险急之处的飞瀑流泉同样引人入胜，精彩纷呈。随着越来越多溪流的汇入，崇阳溪由窄及宽，由湍急而平缓。两侧山谷也时而宽广大气，时而壁立狭长。在山谷顶端和溪流深处，不时可以望见建设中的合福高铁（合肥到福州）。未来，乘坐高铁列车，不时也能望见崇阳溪的山间美景，但也许再也无法如在峰福线缓缓行进的列车中那样悠然自得。

过建瓯市，崇阳溪与南浦溪汇流后改称建溪，铁路则继续顺流南下。虽然依旧称之为"溪"，但建溪的水流早已不逊一般江河。这里也是闽江的东源。从建瓯向南，原本宽阔的山谷突然收紧，铁路也紧

贴山谷崖壁，傍溪而行。在山势险要之处，峰福铁路多次跨越建溪水面。桥隧相连间，精彩的山水风景在一座座隧道间左右变换，令人目不暇接。直到最后驶过一段长长的隧道后，外面的水面猛然宽阔数倍，另一条铁路以一座跨江而来。峰福铁路沿途最大的城市南平到了。

枢纽南平

自建溪而下的峰福铁路并未引入设于南平市区的南平站，而是与外南铁路（外洋至南平）接轨后引入南平南站。2007年横南铁路与外福铁路合并且改名峰福铁路前，南平南站一直是横南铁路的终点站。由于一直在隧道中穿行，直至驶入

南平南站，从峰福铁路的列车上才可一睹南平现代化的城市面貌和宽阔汹涌的闽江干流。

事实上，从穿越分水关隧道，进入福建省后，峰福铁路便一直在南平市境内运行。作为福建省辖区面积最大的市级行政区，此前峰福铁路经过的武夷山、简阳、建瓯等市县都归属南平市管辖。不仅如此，福建另一条干线铁路鹰厦线经由的资溪、邵武等县市也尽属南平。因此，将南平称为福建北上的咽喉毫不为过。当年，峰福铁路的前身外福铁路，便是作为鹰厦铁路的支线，从来舟编组站附近的小站外洋出岔，沿闽江干流一路而下，经南平市区直至福州的。横南铁路与外福铁路合并贯通后，原外洋至南平南站间的路段改称外南线，成为牵手峰福和鹰厦两大铁路干线的联络线。南平也由此从一座铁路贯穿的小城，成为出闽北上的枢纽。

上：峰福铁路上的列车运行在南平古田镇附近。

傍行闽江

离开南平，峰福铁路上行驶的列车车速一下慢了许多。因建设时间相差近40年，南平枢纽南北的铁路建设等级相差甚远。当年技术条件限制，加之解放初期的战备要求，修建于上世纪50年代的峰福铁路南平至福州段只采用了国家II级铁路标准，线路最小曲线半径经过改造也仅有300米，难以高速行车。但乘坐缓缓而行的列车，却让人有空更加细致品味闽江峡谷的壮丽风光。从南平开始，峰福铁路将在闽江的伴随下一路南行，直奔福州而去。

发源于闽、赣、浙三省交界群山中的闽江是福建省最大的河流，其流域面积占全省总面积的一半，是福建特别是闽西北地区的母亲河。由于流域内森林茂盛，雨量充沛，闽江的总水量甚至比黄河还要大。自与外南铁路汇合傍行闽江之始，峰福铁路旁的江水便江宽水阔，波光粼粼，这里是闽江的中游河段，历史上曾称为剑溪。恰如其名，闽江两侧刀切般的V型峡谷山峡壁立，中间河水浩浩汤汤，此情此景从空中俯瞰犹如宝剑出鞘。峰福铁路也在这险要的地形间随山势与河岸辗转腾挪，曲折前行。

沿闽江河谷前行不久，列车窗外的闽江水流逐渐舒缓，江面也愈发宽阔。尤其是在尤溪口站以下，闽江的水流仿佛静止，整个江面也如同一片平静的湖泊。从这里向南，列车将行驶在40余公里的水口水库人工湖旁，一路相伴渔舟唱晚的水乡秀色。

位于闽江中游的水口水库是福建省最大的河道型水库，是水口水利枢纽的重要组成部分。被拦腰截住的闽江与尤溪、古田溪等支流一起形成绵延近 50 公里，库容 26 亿立方米，总面积达 94 平方公里的人工水库。整个库区碧波浩瀚，千舟竞渡；两岸群峰连绵，松竹苍翠，湖光山影相映成趣。

为了避免水库建成后水位上升淹没铁路，从 1986 年开始，外福铁路尤溪口至大箬站间 58 公里路段进行了紧急改线。改线工程除了加固路基、抬高轨道外，还新建特大桥两座。整个改建工程于 1986 年 9 月开工，1989 年 11 月 30 日交付运营。采用更高技术标准的改线路段桥隧相连，桥隧里程占到全线总长度的 46.7%，列车运行速度也得以提高。1993 年，随着大坝的建成和水位的提高，大部分老线早沉入水下。修建完工时还"高高在上"的改建路段，待水库蓄水达到标准水位后也只比水面高出数米，碧绿的湖水有如一块巨大的翡翠横卧窗外。在古田溪与闽江干流交汇处的浩荡湖面上，新建的古田溪大桥如长虹飞跨而过，成为峰福铁路南端最为经典的风景画面。

峰福铁路在水口库区间行驶，桥隧相连间，一座大坝猛然映入眼帘。这里便是整个水利工程的核心——全长 870 米，高 101 米水口大坝。这座华东第一大坝坝身上共有 12 道溢洪闸门，每道闸门相当于一幢七、八层楼房大小。下闸蓄水时，几乎滴水不漏；提闸泄洪时，一条条水龙喷跃而出，在阳光下形成一道道彩虹，蔚为壮观。

在大坝下游，紧贴闽江的路轨外侧，当年水库建设前峰福铁路使用的旧线路遗迹依稀可辨，当年的老桥和老路基也变身乡间小路，在发挥余热的同时，也述说着峰福铁路的变迁和历史。

下：水库改线工程后废弃的老桥述说着峰福铁路的历史。

水口水库上的古田溪大桥是峰福铁路南段
最具代表性的工程和最精彩的路段。

上：列车驶出闽江畔的闽侯车站。

右上：山水闽江。

右下：峰福铁路的终点福州站。

终到福州

　　离开水口大坝，闽江也进入了下游最后的路程，峰福铁路也依旧与之牵手而行，向省会福州进发。没有大坝的阻拦，闽江重新自由奔腾。但宽阔的山谷让它少了中游的险峻汹涌，更显恬静自然。此前一直隐身大山深处新建的合福高铁也不时出现在峰福铁路左侧的山间谷底。相比穿山而过，越岭而行的高铁，

峰福铁路依旧我行我素，不急不忙地绕山而过，傍水而行。两代铁路代表了不同的理念，却共享碧水青山的风景。只是未来乘坐高铁旅行的旅客，可能难有峰福铁路上列车中的乘客那份悠然自得，也很难将不同的闽江风光尽收眼底了。

　　经闽清、过闽侯，闽江峡谷愈发宽阔，两侧的高楼也逐渐围拢。当刚刚建成通车的昌福（向莆）铁

路跨越闽江并行而至时，福建省省会、峰福铁路全程的终点——福州就要到了。在接近福州站的地方，合福高铁也跨越高速公路，牵手峰福。未来随着昌福、合福等高速铁路的相继建成，飞驰的高铁列车拉近福建与各地距离的同时，更多乘客也将选择高铁出行。但穿越武夷天险、傍行闽江碧波的峰福铁路，也许将依旧是欣赏福建山水，品味八闽文化的不二选择。

从南平到福州，峰福铁路始终与闽江一路同行。列车窗外的碧水青山，也让峰福铁路的整个旅程永远充满了惊喜与期待。

| 后 记 |
怀旧，并且面向未来

掐指一算，从大学毕业至今，我已在铁路文化与科普的圈子中奋战了整整十年。曾经不顾家庭反对远赴成都求学西南交大，立志成为铁路技术专家的我，却鬼使神差般地做起了舞文弄墨的行当，成为了一个铁路文化行业的从业者。但今天的我却很感谢这个阴差阳错，让我可以用不同的眼光和视角，观察铁路的发展与变迁；能虚怀历史与人文之心，在探讨技术与发展之余，探寻那份铁路与人之间的感情。

这十年，恰逢中国铁路大踏步进入高铁时代的巨变时期。纵横于中国版图的条条高速铁路，见证了几代中国铁路人的光荣与梦想，也成为了国际舞台上新一代的"中国名片"。同样对于我来说，近十年间，大部分时间精力都放在了考察和记录中国铁路的高速发展上，用自己的笔和相机，向全国全世界讲述着我们为之自豪的事业。

不过，高速前进的中国铁路却多少留下了一丝发展的遗憾。铁路现代化的浪潮中，很多蜿蜒曲折的老线旁边都修建了高标准的新铁路。在旅行速度和运输能力大幅提高的同时，很多具有历史意义和景观价值的老线相继停运或废线，不少铁路两侧的老建筑也相继拆毁。在欣喜中国铁路高速发展之余，每每途径这些消失的历史与景观旁，我总是心痛而迷茫。对历史的记忆和对发展的憧憬，让我的内心无比矛盾。

最近几年，我有幸多次出国，前往欧洲和日本等铁路发达地区旅行和考察，走入他们的铁路世界。历经中国铁路大发展的我，早已不像当年第一次出国体验到高速列车时那样激动和新奇。相反，在异国他乡旅行时间愈长，发达国家深厚的铁路文化积淀愈让我震撼不已。在这些铁路发达国家，新线路的建设远远不及国内，但很多已有百年历史的铁路却依旧串联城乡，至今仍作为沿途百姓出行的工具。而那些老铁路，也是当地人最大的骄傲。在瑞士著名的福卡山口所经历的一幕便让我印象深刻。冰川快车所运行的福卡基底隧道通车后，一些铁路爱好者自行筹资，将曾经翻山的齿轨铁路重新铺设，甚至从东南亚运回当年的蒸汽机车重新上路。我去考察时，一位瑞士的铁路爱好者因在中国工作而和我愉快攀谈，他说，中国的主题是发展，而他们则更愿意回眸过去，但这些都不会阻碍瑞士成为铁道技术特别是山岳铁道技术的强国。从这些欧洲铁道爱好者的口中，我强烈地体会到他们对自己铁路的认同与自豪。铁路在这里，不再仅仅是交通工具，进而成为全社会的文化遗产。

海外的见闻，让我更多的重新审视中国铁路的发展。其实，强大并不仅仅在于今日的发展，还在于对自己历史的尊重、认同和传承。国家如此，铁路亦然。从内心中，我更希望铁道和火车能够融入普通人的感情，成为生活中不可分割的一部分。这是一种积淀，更是一种习惯。而怀旧和对昨天的尊重，则是为了让我们更真实地审视自己的价值，用一颗满怀信念的心，去面对美好的未来。这也让我下定决心，将自己的第一本书留给那些充满风景与沧桑的经典铁道线，去记录和传承那些美丽，抑或即将甚至已经消失的风景。我也期待自己的文字和图片，能让更多人在这个高速发展的时代，回想起中国铁路发展的历史积淀，细细体味那悠然旅途中的精彩。

罗春晓

2015 年 4 月 于北京

中国铁道风景线 ❶
BEST LANDSCAPE OF CHINA RAILWAY

| 鸣 谢 |

本书能够顺利完成，首先要感谢资深设计师罗一童的鼎力协助。他不仅完成了全书的设计和排版，还亲自绘制了全部的线路示意图和说明图，并对全书内容提出了很多意见和建议；好友吕彪为书稿提供了部分资料的同时，也对全书文字和内容进行了审核和润色。还要特别感谢小米公司副总裁、原新浪网总编辑陈彤先生特为本书进行推荐。

此外，哈尔滨的薛思洋和昆明的付世凯为本书提供了部分图片和资料，中国南车企业文化部的徐厚广、扬子晚报的徐媛园等好友为本书提供了很多有价值的意见和建议；中国铁道出版社科普编辑部许士杰主任和郭静编辑为本书出版也做了大量工作，在此一并表示感谢。

中国铁道风景线 ❶
BEST LANDSCAPE OF CHINA RAILWAY